BEL
ル新書
022

核時代における人間の責任

――ヒロシマとアウシュビッツを心に刻むために――

宗藤尚三［著］

YOBEL,Inc.

核時代における人間の責任

——ヒロシマとアウシュビッツを心に刻むために——

目次

核時代における人間の責任

I　核時代における私たちの隣人愛

はじめに

今朝の被爆証言の中で私は広島の原爆の中心地から一・三キロという至近距離で被爆し、家屋が全壊して大怪我をし、三、〇〇〇ミリシーベルト以上の放射能を浴び、急性白血病になって身体中紫の斑点が出、原爆ぶらぶら病という極度の疲労感と倦怠感で数年間苦しんだことをお話しました。敗戦の挫折感や虚無感と相まって、精神的にも肉体的にもどん底状態に陥っていました。

その中で私がともかく生かされているのは何故か、自分の人生の目的は何か、という問いの前に嫌応《いやおう》なしに立たされました。

そして様々な思想的遍歴をへて幸いなことに聖書に出会い、イエスの教えに導かれて牧師になる道を選ぶことになりました。それ以来五〇年以上被爆牧師としての神様から与えられている使命に答えるために伝道と共に反戦反核反原発運動にささやかながら尽くして参りました。

核時代の始まり

現代は核時代とよばれます。最初は一九三八年にドイツのオットー・ハーン（Otto Hahn, 1879～1968）等の科学者によって核分裂反応現象が発見されました。〈ウラン２３５〉の原子核に中性子をあてると核が分裂し、そこから大きなエネルギーが放出されることがわかりました。しかし当時、ヒットラーがポーランドに侵攻し、第二次世界大戦が始まった時でした。それ故ヒットラーが先に原爆を製造する前に先手を打って原爆を製造しなくてはならないということを科学者たちは考えました。そこでイタリヤの亡命科学者であるレオ・シラード（Leo Szilard, 1898～1964）が、アメリカに亡命している三人のユダヤ人科学者に連絡し、一九三九年にアインシュタインが代表してルーズベルト大統領に書簡を送り、ドイツが製造する前に原爆の製造をするように要請、大統領は一九四二年にマンハッタン計画を秘密裏に発足させ、六万人と言われる多くの学者や科学者や軍人等に莫大な費用をつぎ込んで研究を開始しました。〈ウラン２３５〉による原爆はすでに、一九四三年には出来ていたのですが、天然に存在するウランは僅かであるため、マンハッタン計画の中心はプルトニウム（Plutonium）を作り出すための『パイル（pile）』、つまり日本語でいう『原子炉』という大掛かりな装置を作らなければなりませんでした。それ故、マンハッタン計画のほとんどはその原子力発電の研究にあたりました。

そしてついに一九四二年一二月二日に最先端技術を用いる科学者の手によって、本来自然界には存在しないプルトニウムを製造することに成功しました。しかしプルトニウムの爆縮装置の製造に時間がかかり、結局最初のプルトニウムの核実験は一九四五年七月一六日にアラモゴード（Alamogordo）において史上始めて成功しました。そして八月六日には広島にウラン型原爆が投下され、八月九日には長崎にプルトニウム型原爆が投下されたのです。

それ故、広島の原爆と長崎の原爆は本質的に異なっており、アーサー・ビナード（Arthur Binard, 1967～）氏の表現を借りれば、パソコンの時代に古い残ったタイプライターを投下したようなものであり、本番である〈プルトニウム２３９〉を隠蔽するものでした。ヒロシマは犠牲者を出した点で最大の出来事ではあるが、核開発と原子力開発をやって世界を支配したい人たちにとっては、あまり大したことではない、ということになります。それ故、広島を見ただけでは核開発の歴史はわからない、ということになるでしょう。

世界では、西暦（グレゴリオ暦）とか、皇紀（神武天皇即位紀元）とか、イスラム暦（ヒジュラ暦）等々がありますが、「核の時代」は人類の基本的生存権を脅かす恐怖の時代である、といわなくてはなりません。よくパンドラの箱が開かれたという表現がつかわれますが、そこから飛び出してくる人類が今まで知らなかった醜いもの、汚れたもの、によって私たちの未来は全く予測不可能なものになって来ていることを知らなくてはなりません。今日の医学も国際政治も戦争も経済も「核」に無関係ではやっていけない様な構造や体制になりつつあることは否定できません。この様な核時代にキリスト者は世界の隣人に対してその生命と尊厳を守るために何ができるかという問いを神様から投げかけられていると言ってよいでしょう。

人類のアイデンティティ

私はもちろんヒロシマの被爆者ですが、皆さんも私と同じように可能性としても、潜在的にも、いや現実的にもヒバク者であることを自覚して戴きたいと思います。原爆の被爆者だけの問題ではなく、既に全人類が放射能という死の灰をあびつつあるということです。人ごとではないのです。ご存知のように一九六四年に部分的核実験禁止条約というものが結ばれて、大気圏、大気圏外、水中における核実験の禁止を決定しましたが、（地下実験は例外）それまでに米ソを中心にする原爆、水爆の核開発実験は二〇年間に二、〇〇〇回をこえていると言われています。

一九五四年には第五福竜丸もビキニの水爆実験に会い、白い灰、つまり水爆で粉々になったサンゴ礁の放射性粉末を浴びて原爆症になり、久保山さんは亡くなられました。あの東西対立時代の莫大な核実験の死の灰は現在地球を覆って、徐々に降下しつつあるのです。だから私たち人類は潜在的に被爆者なのです。そして現在もチェルノブイリやフクシマの原発の大事故による被曝者は言うまでもなく、ウラン鉱山の採掘から始まって使用済み核燃料の処分や廃炉にいたるまで、あらゆる段階で人々は放射能をあびつつあるのです。現代文明はもはや核に依存しないで発展出来ないような時代になりつつあるだけに、私たちキリスト者は今人類の生存と平和のために何をしなくてはならないか考えなくてはなりません。

核兵器の抑止力

第一に世界の平和は核兵器の抑止力によって保たれているという誤った安全神話にたいしてNO（ノー）をつきつけなくてはなりません。核の抑止力によって却って核競争は激しくなり、NPTと呼ばれる核不拡散条約によって、五大核保有国以外の国は核兵器の所有を禁止され、彼ら五大核保有国のみ自由に核の拡大を図っているのです。その代わりに非核保有国はIAEAの監視の下に、原子力発電による平和目的の産業は承認しています。

この不公平な大国の横暴に対して核兵器を秘密裏に製造する国が輩出しても不思議ではありません。オバマ大統領は二〇〇九年プラハで「核兵器のない世界をめざす。それは原爆を使用したアメリカの道義的責任である」と宣言し、ノーベル平和賞をあたえられました。しかしその後彼は核兵器を減少させるどころか新しい核兵器の開発に奔走しています。二〇一二年提出された予算教書には総額三兆八千億ドル、日本円で約四百兆円が計上されていますが、その中には「核兵器の廃絶をめざす」といった言葉とは裏腹に新型核兵器の開発、とりわけ戦術核兵器の威力強化を図るプログラムに巨大な予算が配分されているのです。アメリカは相互の信頼と和解による平和ではなく、あくまで恐怖と脅迫による力の外交を推進しているとしか考えられません。核兵器は平和の守護神ではなく、一歩誤れば人類の滅亡につながる危険なものなのです。核兵器に対する核兵器の応酬は人類を滅亡させることでしかありません。それは勝者も敗者もない黙示録的世界になるのです。

核抑止力は、かつてわたしたちが原子力発電を全く安全なものとして、その「安全神話」に騙《だま》されて製造してきたと同じように、核抑止力の安全神話を根底から見直していかなくてはなりません。

如何なる然りも含まぬ否を

私は一九八〇年代初頭のヨーロッパでＮＡＴＯがソ連に対して戦術核兵器の中距離ミサイルを配備しようとしてキリスト教会がその態度を問われた時のことを思いだします。それはヨーロッパの限定核戦争に繋がる危機として注目されました。それに対してドイツ最大の教団であるドイツ福音主義教会は「どちらにも偏らない平均性」という中立主義という美名のもとにミサイル配備を容認しようとしました。しかしそれに対してドイツ改革派教会は核兵器に対して「いかなる然りもふくまぬ否」を宣言し、それは信仰告白の問題であり、個人の自由に委ねられた自由裁量「アディアフォラ（adiaphora）」の問題ではなく、イエスに服従するか否かの信仰告白の決断の問題であると宣言しました。

その平和宣言の中の幾つかの中心的な言葉を上げて置きましょう。

「大量殺力手段によって平和が脅かされている事態に直面しながら、主のご意思を十分に決断的に証言してきたとは言えない。それ故平和の問題はとりもなおさず信仰告白の問題であり、そのことを通して、我々は信仰告白の事態を与えられたのであり、原爆に対する態度いかんによって、福音を告白するか、否認するかが問われているのである。」

「原爆は戦争になった場合、それを用いて戦うことが許される様な、適正かつ不可避な権力手段ではない。原爆は自らが守るべきであると称しているそのものを破壊するのである。原爆に対して、神から与えられる無条件の『否、ナイン！』が、『何なる然りもふくまぬ否』がつきつけられるのみである。」

核兵器は国際法違反か

原水爆という無差別大量虐殺兵器はいうまでもなく国際条約違反の兵器です。たしかに一九六三年には東京地方裁判所において原爆の犯罪性を議決し、そこから日本国家による被爆者援護法が始まりましたが、国際的にはどうでしょうか。

一九九四年にハーグで開かれた原爆に対する国際司法裁判においては「核兵器による威嚇や使用は人道に対する国際法に違反する。併し国際法の現状を考慮すると、国家が存亡の危機にある時の自衛のための核兵器の使用は、合法か違法か結論出来ない」とし、裁判官の賛成七、反対七、結局裁判長の賛成一票によって評決されました。「自衛のためなら仕方がない」という国際司法裁判所の判決は単なる勧告的意見にすぎませんが、日本のような自衛隊を持つ国家にとっても、その法的解釈はとても釈然としないものであり、微妙なものです。現に自民党の歴代首相は国会において「自衛のための戦力の範囲内ならば使用も可」という法制局長官の解釈を認めてきました。自民党は次回の総選挙では九条を改正して、自衛隊を国防軍にする旨を発表していますが、そこでは当然米国との集団的自衛権に発展することでしょうし、核兵器の問題も討議されるでしょう。

しかし言うまでもなく原爆は無差別大量殺力兵器として、人道的に許すことのできない国際的犯罪兵器であることは言うまでもありません。私たちが過去の人類の「あやまち」を繰り返さないために定めた憲法九条という世界に誇るべき宝である平和主義を守ることこそ、「地の塩、世の光」である私たち教会の最大の隣人愛の一つといわなくてはなりません。

それが私たちの「戦争責任の告白」の精神だからです。国連では長い間、数十か国の国々によって「核兵器使用禁止宣言」がなされて来ましたが、被爆国日本はそれにサインすることはありませんでした。アメリカの核の傘によって安全保障を期待していたので、世界唯一の被爆国でありながら拒否して来たのです。

しかし二〇一三年六月二一日、日本は従来の国策を改め、やっと他の一二五か国と共に「如何なる状況の下においても二度と使用しない」という宣言に署名する決心をしたことは、遅すぎたとは言え一歩前進と言えるでしょう。

核の平和利用の美名のもとに

　そのような核軍備競争のただ中において、一九六三年一二月、アイゼンハワー大統領は国連演説において「ATOMS FOR PEACE」を全世界に訴えました。核の軍事利用から平和利用への転換こそ人類の平和と繁栄を約束する道であることを強調したのです。そして原子力産業が如何に人類を発展させる道であるかを宣伝しました。この声明に異議を唱える人々はほとんどありませんでした。当時の核兵器に反対する団体、たとえばアインシュタインによって始められたパグウオッシュ科学者反核運動も湯川秀樹たちの日本での反核運動も、核の平和利用には賛成でした。アメリカ政府は特に核アレルギーの強い広島を平和利用センターとして選び、「原子力平和利用博覧会」を完成したばかりの原爆資料館を会場に数回開催し、広島に原発第一号を作ろうとさえ考えていました。しかしそれにあえて反対する当時の市長は一人もいなかったようです。彼らは原発の安全神話を説き、それは人類の医学や交通や産業やエネルギーに大改革をもたらすと信じ込んでいたのです。ＩＡＥＡもＷＨＯもＮＰＴも同様な立場を現在も取り続けています。しかし今日に至って私たちにはっきりわかったことは、核兵器と原発はコインの裏表の問題として捉えなくてはならないということです。原発は核の平和利用という美名のもとに非核保有国に原発を所有する権利を認めていますが、原発によって生み出されるプルトニウムは、原爆製造という軍事的な利用として転用することが出来ます。現在世界には二五〇トンのプルトニウムが存在し、それは三万発の原爆に転用できますが、日本には現在高濃縮で何時でも軍事用に利用できる四五トンのプルトニウムがあり、それは五〇〇〇発の原爆を作ることが可能です。やはり原発はもともとマンハッタン計画において核兵器の原料を製造する工場であったのです。アメリカの国家安全保障問題専門通信社（NSNS）は今年の五月九日にレーガン政権以来二〇年、アメリカは日本が原子力の平和利用の名のもとに軍事級のプルトニウムを七〇トン備蓄するよう手助けをしている事実を明らかにしています。自民党の議員等が認めているように、原発は何時でも軍事的に転用しうるものとして、実際に核兵器に転用するかどうかは別にして、潜在的な核抑止力として利用されていると考えなくてはなりません。

このことは最近原子力基本法が改定され、第二条の付則に「わが国の安全保障に資する目的としてこれを行う」という文章が知らない間に付加されていることが判明し、私たちに大きな疑念をあたえています。このように考える時、フクシマの原発事故の陰には日本政府の裏と表の二重の原子力政策があったことを考え、日本の当局の核開発疑惑の解明に向かわなければなりませんし、そこに「友だち作戦」の実態があるのではないでしょうか。

使用済み核燃料の問題

確かにエネルギーは私たちの生活にとっても、経済的な発展のためにも不可欠なものです。しかし原子力の平和利用の結果、人間がほぼ半永久的に処理することの出来ないプルトニウムや多量の使用済み核燃料のゴミを蓄積し続けることは、将来の人類に天文学的なコストを求め、私たちは何万年も所謂『トイレのないマンション』に住まなくてはならないことになるでしょう。発電所の使用済み核燃料プールは数年後には満杯になる予定ですし、青森県六ヶ所村の再処理工場には未処理の核のゴミが二、八五〇トンあり、貯蔵能力は三、〇〇〇トンなので、すでに満杯状態になっているのです。そして核燃料サイクルになくてはならない「もんじゅ」も、全く使用不可能な状態になっています。しかも耐用年数が過ぎて次々と廃炉の解体がおこなわれるようになりながらも、中間施設も最終処分の場所も方法も見出していない様な日本の現状を考える時、今こそ核エネルギー政策を転換して、自然の再生可能なエネルギーにシフトしなくてはなりません。

それは現実に可能であり、それが未来の人類に課せられている私たちの使命であり責任だと言わなくてはなりません。

現在、フィンランドのある地方で「オンカロ」と呼ばれる高濃度の核廃棄物の最終処分場の工事がすすんでいます。ここにフインランドの原発の六基分の核廃棄物の一〇〇年分を廃棄するといわれています。ここは一九億年一度も地震のなかった地層で、北欧にはそのような岩盤が多いのです。プルトニウムの半減期は二万四〇〇〇年ですから、無害になるには一〇万年を必要としていますが、一〇万年後に果たしてそこに住む人類はプルトニウムの危険性を理解できるかどうか、全く見通しはつきません。「オンカロ」を建設中のポシヴァ社（Posiva）は六万年後には氷河期がやって来て、この一帯は氷の厚さ二キロに及び、人類も全く新しくなっており、果たしてホモ・サピエンスの字を判読できるかどうか問題だ、と言っています。むしろ原発は中止して、再生可能なエネルギーに転換すべきである、と考えています。もし日本に最終処分地を探すとしても、有名な火山国であり、地殻変動の激しい日本には、五十四基の原発の出す核のゴミを最終処分できるような場所は全くありません。それならばむしろ「脱原発工学」の専門家を育成し、世界に脱原発産業を起こせば、むしろ成長産業として世界中から期待されるでしょう。

低線量被曝と内部被曝について

私は特に三、〇〇〇ミリシーベルトの体外の初期放射能をあび、また一日中ヒロシマの市内で残留放射能や死の灰をあびながら生き残った者として、何故生き残ったのか不安を抱きつつその理由を知りたいと思っていました。それは東北の多くの人たちが、特に子どもたちが、大量に放出された低線量放射能を口や鼻から体内に取り入れることによる内部被曝に脅かされ、故郷から見知らぬ土地に脱出避難されている方々の不安にも通じる問題だと思います。現に医学的にはまだ僅か一ミリの六億分の一という微粒子である〈セシウム137〉や〈ヨウ素131〉が、いつどの様な形で内部被曝を引き起こすのか、科学的に明確にはなっていません。その医学的研究は始まったばかりの状態なのです。それだけに私たちの不安と恐怖は大きいのです。私自身は放射線防御学の安斎育郎《あんざいいくろう》先生（1940～）の学説に共感しています。安斎先生の学説によると、放射能には「安全値」とか「しきり値」というものはなく、「ガン当たりくじ型障害」であって、宝くじを一枚買っても一等に当たる人もあれば、一、〇〇〇枚買っても全然当たらない人もあると言った千差万別の状態なのです。その人その人によって、被曝線量の条件が全く異なっているわけです。私は三人に一人は死亡するという地域にいながら、幸か不幸か当らなかったわけですが、しかし一枚でも買っている人には当たる可能性がある、ということでもあるのです。しかし今まで生きていたからもう大丈夫というわけではなく、晩発性の原爆症（放射線障害のうち、放射線に被曝後、長い潜伏期間を経て症状が現れる障害。）の可能性がなくなったわけではありません。しかしそれが放射能と関連があるかどうかの因果関係は今日の医学では解明されているとは言えません。それは現実に今日の原爆症認定訴訟の大問題になっているのです。

むすび

核時代という現代のキリスト者の隣人愛とは、何よりも先ずコイン裏表であるこの原爆と原発を廃絶していくことに尽きます。今日まで反戦反核運動の原点に、原爆慰霊碑の「安らかに眠ってください。過ちはくりかえしませんから」という碑文の言葉がありますが、私たちは同じ過ちを繰り返しているのではないでしょうか。

「過ち」とは村山談話で語られているような政治的ミステークではありません。それはラッセル・アインシュタイン宣言にあるように「アブソリュート・イーヴル」、つまり神と人道にたいする犯罪であるということを忘れてはなりません。

その原爆の「被害」をもたらした直接の原因は、日本の帝国主義的な侵略戦争を開始したことが遠因となっているのです。それ故、私は被爆証言をする時、必ず最初に自分が「原爆犠牲者の加害者」であることを謝罪し、その上に立って原爆の悲惨さを訴えてきました。

何よりも、私たち日本人はもとより、世界の人々は、ヒロシマとナガサキのホロコーストを、神と人類に対する罪として反省し、核のない世界の創造のために努力しなくてはなりません。。


（大阪愛隣バプテスト教会講演会　二〇一二年七月二七日）

II

核兵器と原発の非人道性について

―第五回広島「原発を問う民衆法廷」に証人出廷して―

はじめに

二〇一二年七月一五日、第五回広島「原発を問う民衆法廷」が広島市民交流プラザにおいて開廷された。既に東京、大阪、福島において行われていたが、放射能と最も関係の深い原爆の地で行われたことは特別の意味があるだろう。もちろん「民衆法廷」であるために法的にその裁判の判決が拘束力をもつものではない。しかし、一般の民衆が原発をどのように見ているかを知るうえでは無視できないものがあると言えよう。

この法廷の狙いには三つの点があげられる。

第一には「原子力平和利用」の名のもとにすすめられてきた原発推進政策の裏にある「核兵器開発への潜在力保持」の意図を暴露し、原爆の惨禍にあった広島からその犯罪性を裁く。そのことを通して反核兵器と反原発の運動がまさに表裏一体のものとして進められていかなければならないことを明らかにすることである。

第二には、放射線の人体への影響について、広島での治療の蓄積を基に検証。福島原発事故による被曝状況の調査から広島との比較を試み、放射線被曝の犯罪性、危険性をあきらかにする。低線量や内部被曝の問題にも可能な限りアプローチする。

第三には、野田政権が大飯再稼働を表明する中で、これを伊方、玄海等他の原発再稼働に波及させることを狙う原発推進勢力に、はっきりと中電島根原発再稼働を差し止め、廃炉、上関原発の建設差し止めをもとめることである。

以上の目的のもとに裁判は代理人意見陳述、三人の申立人意見陳述、それに対する判事の所見、および答弁書陳述、休廷後、藤田裕幸氏（注）（元慶応大学教授）と私の二人の証人のそれぞれの意見陳述とアミカス・キュリエ（法廷助言人）の反対尋問、判事所見と続き、最後に判事団合議によって判決の言い渡しがあった。ちなみに判事団は鵜飼　哲（一橋大学教授）、岡野八代（同志社大学教授）、田中利幸（広島市立大学教授）、前田　朗（東京造形大学教授）であった。

（注）藤田裕幸氏

元慶応大学教員。物理学者の立場から放射能が人体と環境に及ぼす影響を訴え、原発や被曝労働の実態調査、チェルノブイリ周辺の汚染地域の調査、ユーゴ・コソボ地域やイラクでの劣化ウラン弾による被害調査を実施。『隠して核武装する日本』（影書房、二〇〇七年）の共著者。

私は自分の意見陳述を記す前に、意見中立人として語られた岡田和樹さんの話が大変印象的であったので、ここに書き留めておきたいと思う。

彼は瀬戸内海の海と空のもとで生きることの素晴らしさを考え、特に上関《かみのせき》の自然と文化を愛し、早くから「祝島《いわいしま》自然エネルギー一〇〇%プロジェクト」（http://www.iwai100.jp/iwaishima）なるものを立ち上げ、原発に象徴される「大規模・集中」から「小規模・分散」への思考転換、エネルギーの浪費型ライフスタイル等の価値基準からの転換とその実行を提示して来た方である。彼は二〇〇九年に中国電力が多くの海上保安庁の高速船に守られて、上関の海岸に土砂を投入され始めたことに対して、祝島の漁民と共に抵抗された。その時作業員によって拘束され、意識を失い病院に緊急搬送され、五日間入院、また祝島の女性数人が作業員の下敷きになって入院することになった。また非暴力で座り込みをしていた女性も膝げりに会うなどの暴力行使が行われたという。そして二〇〇九年に祝島の漁師二人とカヤックで抗議した二人に四、八〇〇万円の損害賠償を中電から請求され、現在地方裁判所で係争中であることが明らかにされた。しかも当時は祝島の漁民の理解もえておらず、補償金一〇億八、〇〇〇万円も支払われておらず、国に原子炉設置許可の申請書も必要な地質調査や環境影響評価も提出されていない状態で行われたということである。彼らは何度も裁判所に通うも、その時間的拘束や金銭的負担や精神的苦痛は今も続いているという。それはスラップ（いやがらせ）裁判としか言いようがないものだ。私たちのこの民衆裁判の背後にはそのような民衆の怒りも含まれていることを忘れてはならないだろう。

宗藤尚三への証人尋問と回答の要旨

以下は裁判中に行われた検事団代表の大山勇一氏とアミカス・キュリエ（法廷助言人）の井畑哲氏との質疑応答の要点をまとめてみたい。ただし正確な報告書が作成されていないので、証言内容には変更はないが、その表現については一部加筆している点のあることを了解して頂きたいと思う。

大山勇一氏（検事団）の質問

【質問】 証人の被爆体験について簡略に証言してください。

【回答】 私は高等工業専門学校（現広島大学工学部）一年の一八歳の時、爆心地から一・三キロの自宅の二階で被爆しました。二階の窓から日本晴れの青空をキラキラ輝きながら広島の上空を南に向かって飛んでいくエノラ・ゲイを眺めていました。エノラ・ゲイの姿がみえなくなったので窓から首をひっこめた瞬間、太陽を欺くような物凄い閃光の渦の中に巻き込まれ、同時に爆風によって私の家は倒壊しました。その時私は家の下敷きになり体中重傷を受け、血まみれ、泥まみれになって屋外に這い出しました。直撃弾にやられたと思って、一階にいた母と共に近くの日赤病院に逃げ込みました。しかし日赤には既に幽霊さながらの被爆者の群れで一杯になっており、私は出血多量で意識を失い、日赤の庭に一日中倒れていましたので、その時のことは記憶にありません。夕方周囲が火災になり、私は広島から四キロ離れた似の島に運ばれました。似の島は陸軍検疫所として有名ですが、そこに約一万五、〇〇〇人の被爆者が収容されました。約一〇棟の病舎に収容され、真夏の病室は熱気と悪臭と死臭によって地獄さながらの状態でした。証言によると四日目にはすべての医薬品や麻酔剤はなくなり、死人は放置され、約五、〇〇〇人以上の被爆者が亡くなったといわれています、近くの島々から救援隊や衛生兵がやって来て死体の処理をしましたが、数千の死体は畠や防空壕の中に埋められました。死体は汚物同然で、死体を処理する兵隊たちも全くアパシー状態になり、人間としての喜怒哀楽の情を失った「人間性喪失症」に陥りました。それは人間の自己防衛本能によるものと思えます。まともな人間の感情をもっていては自分が異常になるからです。私はそこで長崎の原爆とソ連の参戦のニュースを聞き、日本の最後が来たと思い、一人で疎開地の庄原の地に逃げ帰りました。そこで天皇の戦争終結の玉音放送を聞き、言葉に表せない解放感を味わったことを今もはっきり記憶しています。

【質問】現在被曝による放射能の影響はありませんか。

【解答】終戦直後、疎開地庄原の日赤で検査してもらった時、医師に白血球八〇〇で急性白血病であると告げられました。それは今日では無菌室で治療しなくてはならない状態です。似の島では二〇数個のガラスの破片をメスで取り除いてもらいましたが、左腕は肉をえぐり取られていましたし、まだ原爆症の知識は皆無でしたので、専ら外科的な治療を長期間おこないました。ABCC（原爆傷害調査委員会）の調査では、一・三キロの場所は三、〇〇〇ミリ・シーベルトの放射能を浴びていることになっており、約三分の一の人が原爆症で死亡していると公表されています。私も数年間原爆ぶらぶら病と呼ばれる極度の倦怠感や疲労感に悩まされ、度々体中に紫の斑点が出ていました。しかし幸か不幸か、胃を三分の二を取り除く手術以外には、原爆症によるガンのような重病にかかったことはありません。東大の安斎育郎教授は放射能を浴びてガンになるかどうかは百人百様であって、それは「がん当たりくじ型障害」であると説明されています。宝くじを一枚買っても一等に当選する人があっても、一、〇〇〇枚買っても全然当たらない人があるのと同様である、と言われています。当たるか当たらないかは生きている限りわかりませんので、被爆者には常に不安は続きますが、その病気と放射線との因果関係があるかどうかは現在の医学では証明できないのが現状のようです。現在ABCCを引き継いだ放影研が所謂LSS（生存被爆者寿命調査）なるものを行っていますが、基本的にはアメリカの方針によって、低線量被曝や内部被曝を認めていませんから、結論は放射能による寿命に影響なし、となることは目にみえています。

【質問】原爆被害の中、生き残った人間として、宗藤さんはキリスト者になる決意をされましたが、それはどのようなキッカケによるものですか。

【回答】敗戦と被爆による肉体的精神的絶望感の中で、自分の生かされている意味、心の支えを探し求めたことによります。具体的には叔父に倉田百三《くらたひゃくぞう》（1891～1943）という宗教文学者がおり、有名な『出家とその弟子』や『愛と認識との出発』等の著作にふれ、そこから宗教の世界に眼が開かれた、という事情があります。

そして戦後流行した実存主義の哲学や文学にふれ、特にキェルケゴールの思想からキリスト教に導かれて聖書を読むようになり、当時翻訳発売され始めたカール・バルトの神学に傾倒するようになり、そこでイエスの教えに深く共鳴するようになりました。そして被爆者として奇跡的に生かされているのは神のみ旨であり、被爆の証人として世界の平和のために自分の身をささげたい、と思うようになりました。そして大学を中退し、牧師になる道を選ぶことになりました。

【質問】放射能被害の人々のことを、宗藤さんはカタカナで「ヒバクシャ」と呼んで連帯すべきだとおっしゃっていますが、どのような点に被害の共通性があると思われますか。

【回答】現代の核時代にあって最も大事なことは、人類全体が潜在的にも、可能性としても、いや現実的にもヒバクシャであるという認識に立って行動しなくてはならないということです。核による汚染は原爆や原発事故の被害者にとどまるものではありません。カナダやオーストラリア等でのウラン鉱山の発掘から始まって、その精錬、濃縮、核兵器の製造や実験、核燃料の製造や発電、使用済み核燃料の処理や処分にいたる全行程において放射能は放出され続けています。

これまでネバダやセミパラチンスクや南太平洋やその他各地で二、〇〇〇回以上核実験がおこなわれていますが、その放射能の死の灰の降下による影響は全人類におよんでいると言っても過言ではありません。この様な「核・原子力サイクル」のもとにある私たちは生存権を脅かされているものであり、ヒバクシャという言葉は人類のアイデンティティそのものであると思っています。

【質問】そのような被害を生み出すウラン採掘現場や原子力発電所に対して、宗藤さんはどのようにすべきであると思っていますか。

【回答】一九五三年にアメリカの大統領アイゼンハワーが国連で「核の平和利用」(Atoms For Peace)を主張しはじめ、日本政府や原子力村の学者や電力会社が賛同し、核の平和利用の安全神話と経済的利益と利便性を宣伝し、国策として原発推進を始めて以来、丁度戦時中大本営発表を鵜呑みにしたように、国民は一部の学者を除いて、その背後にある巧みな虚偽と罠とカラクリに気づくことがありませんでした。核兵器には反対しても、例えばパグウォッシュ反核科学者会議も湯川秀樹博士もＮＰＴもＩＡＥＡも日本の反核平和団体も核の平和利用には無関心で寛大でした。しかしフクシマの原発事故によって多数の人が被害を被り、また「核・原子力サイクル」の中に組み込まれている高濃度のプルトニウム備蓄がアメリカとの潜在的な軍事的核抑止力との関係が明らかになることによって、私たちは原子力の平和利用という美名のもとで行われている欺瞞を根本から見直さざるを得ないと考えるようになったのです。

私たちは原発の再稼働を禁止すべきであると思っていますし、そのためには自然再生可能エネルギーを国策としての推進と節電を徹底し、私たちの従来の生活スタイルや価値観自体を改めなくてはいけないと思っています。よく日本は資源小国といわれますが、私は、日本は大自然の太陽光、海、風、地熱等の資源に恵まれた国だと思っています。問題は今までそれを積極的に開発して来なかったし、また、させないような政府の原子力エネルギー政策があったと思います。

【質問】最後に原発再稼働をごり押しする政府に対して、キリスト者としての立場からご意見を聞かせてください。

【回答】答えは明瞭です。核と人間、核とすべての生きものは共存できないということです。チェルノブイリの事故もフクシマの事故も偶然の出来事ではなく、また想定外の出来事でもなく、起こるべくして起こった人災でした。「想定外」とは想定したくないことの別名にすぎません。

私は被爆牧師として五十年以上反核運動にかかわって来ましたが、その運動の原点は原爆犠牲者のための原爆慰霊碑の碑文にあります。それは「安らかに眠ってください。過ちはくりかえしませんから」という言葉です。「過ち」とは「村山談話」で示されているような、単なる政治的な「Mistake」ではありません。それはアインシュタインも言っているように「Absolute EVIL」、つまり神と人道に対する犯罪ということです。原爆の放射能によって人類を無差別に殺戮することは犯罪です。それと全く同様に、ウランやプルトニウムを原料として発電させる原発も、一旦事故を発生させるならば同じ放射能によって無差別に人々を殺戮し、環境を汚染し、破壊してしまうのです。その上、半減期二万四、〇〇〇年というプルトニウムや高濃度の使用済み核燃料は「負の遺産」として将来の世代にほとんど永遠と言っていいほどの長期間厳重に管理され、天文学的費用を用いて引き継がなくてはなりません。しかもその最終的な処理方法も廃棄する場所も人間は解決する道を知らないままに、現在も使用済み核燃料は増加の一途をたどっています。

私は「過ちはくりかえしません」という言葉が反核運動の原点であったと言いましたが、原発を推進することは文字通り同じ過ちを繰り返すことになります。核兵器と原発はコインの裏表にすぎないからです。

私は生前の原爆詩人の栗原貞子《くりはらさだこ》（1913～2005）さんと親しくし、自宅にもこられたし、お手紙もいただきました。先日そのお手紙が出てきましたが、その中に栗原さんの「五十年目の裏切り」という詩が書いてありましたので紹介させて頂きたいと思います。

裏切りの夏

核時代が始まって半生記
壊れたビルの地下室でうまれた
赤ん坊は五十歳の母になった
過ちは繰り返しませんと誓った私たち。
過ちはくりかえさなかった日本国。

大量のプルトニウムを生産する
世界第二の軍事大国
従軍慰安婦や強制連行の軍夫、労働者など
アジアへの戦争責任を償わぬまま
再び日の丸、君が代を国旗国歌にした。
戦後の誓いをすべて裏切り転落する政治。
唯一の被爆国をとなえながら
「国際法違反とは言えない」と
投下国へ追従した。
ヒロシマ、ナガサキの三十万の死者たちよ。
剥がされた皮膚をひきずり　怒髪天をつく
黒焦げの生霊となってよみがえり
裏切りと虚妄を焙り出せ。

栗原さんはよく「一度目は過ちでも、二度目は裏切りだ」と言っておられましたが、私たちキリスト者も原発を推進することによって、再び神と人道に対して裏切ることのないようにしなくてはなりません。

アミカス・キュリエ　弁護士 井堀 哲　反対尋問

【質問】 原爆（核兵器）は人の生命を奪うことを目標としています。併し原発は電力の発電を目的とします。電力によって人間は生かされ、命を支えられています。特に原発産業に就いている人々にとっては原発産業自体が生きる糧です。

また、ヒロシマの原爆投下によって二十万人の死者が出ているが、現在福島原発の事故によって直接死者は出ていない。すなわち、非人道性という点で、核兵器と原発は全く異なる。核兵器と原発を同一視するのは誤っているのではありませんか。

【回答】 確かにエネルギーは人間にとって無くてはならないものですし、それは人間の命を支えているものであることは言うまでもありません。しかしエネルギーはウランやプルトニウムという核物質を混合したMOX《もっくす》燃料のみで生産されるものではありません。自然の再生可能なエネルギーの推進や発展やイノベーションによって、将来様々なエネルギー源を発見して行くこともありえます。そしてあなたの質問の背後には「原発安全神話」という今日最も危険視されている発想が無視されています。世界有数の地震列島といわれている日本に「絶対安全」ということはありません。地球上では想定外の自然災害はたびたび起こっていますし、人間はその災害をコントロールする力はありません。

原爆と原発の非人道性についてはあなたの指摘されるように相違があることは事実です。原爆による体外の直接的放射能の威力は物凄いものでしたし、その後も原爆症によって多くの人が苦しんでいます。しかしフクシマの事故による直接的な死者はありませんでしたが、東日本の広大な大地に降り注いだ放射能によって大地が汚染されて使用不可能になり、また放射能による被害は晩発性の体内被曝を発生させる危険があります。また多くの土地や財産や職業が奪われ、現在なお数十万の人が、避難所に避難し、放射能から逃れて数万の人が特に小さな子供を持つ家族の人たちが、他県に移住しておられます。そしていまだに高い放射能を含んだ汚染水が溢れ続け、事故の原因も不明なまま、現在数千人の人たちが関連死されています。

原爆と原発は全く異なるといわれますが、原発には処理不能な使用済み核燃料が残りますし、なによりも軍事用に転用できる高濃度のプルトニウムが作られます。今年の四月一五日、アメリカＮＳＮＳ（National Security News Service）社が二〇年間に及ぶ日米原子力委員会の変遷を報道しましたが、それによると日本には現在四五トンの軍事級の高濃度のプルトニウムを所有し、さらに七〇トンまで引き上げる日米原子力協定が定められているというのです。原爆にすれば五、〇〇〇発の原爆に相当し、自民党の有力議員たちは、それを中国や北朝鮮への日本の潜在的核抑止力として必要である、と言っていることは周知の事実です。そのことは核の平和利用という美名のもとで、その気になれば、核兵器も製造できるという虚妄にみちた詐欺行為をしている、と言ってよいでしょう。もちろん私は日本が核兵器を持つというような事は国際的状況から考えて可能性は薄いと信じていますが、原発が原爆の材料を製造しているという点において、両者はコインの裏表であるといえます。それ故、両者とも「非人道的」なものです。多くの人は原爆が使用されない限り、「核の抑止力」は単なる戦略であり、政策であって非人道的なものではない、と考えています。しかし、それは戦争行為にたいする計画であり、準備であり、共同謀議であることに間違いありません。それは国連憲章第２条の「武力による威嚇の禁止」にも明らかに違反しています。原爆の使用行為とその準備、計画、謀議は一体の行為なのです。その証拠に五月二九日に成立した原子力規制委員会設置法の付則で、自民党の要求によって原子力基本方針が変更されました。それは「平和」「安全」「民主」的運営にくわえ、「わが国の安全保障に資する目的として」運営すると変更追加されたのです。ほとんど議論もなく、国民の目に見えない形で、このような重要な変更がおこなわれているということは許されないことです。

【質問】証人は『心の内なる核兵器に抗して』という著書の中で、「過ち」とは第一に天皇制軍国主義によるアジア侵略と朝鮮の植民地支配であると述べられています。

そして加害者は原爆を投下したアメリカだけではなく、日本の国体護持を全面的に支持した日本国民と世界の人々、その中には宗教者、キリスト者も含まれていると書いておられます。

では、福島で起こった原発事故が再び繰り返された場合の加害者は誰か、被害者は誰か、過ちとはどのような過ちなのでしょうか。

【回答】加害者とは、私たち反原発の訴えを理解しようとしなかった日本政府と原子力村の安全神話を依然として信じてきた人たちであり、またその誤りを説得させることの出来なかった私たち自身すべての人にもあります。被害者はいうまでもなく私たち全人類です。

過ちの根源は、自然にあるままにしておけば何の危険性もない天然ウランを精錬してイエロー・ケーキをつくり、それに中性子をあてることによって核分裂を発生させようとした神を畏れない人間の傲慢に端を発しています。

科学の発展は大事です。しかしそれは人類の幸福と繁栄と生命の保護のためになくてはならないものです。しかしそれがテクノロジーとして人間が利用する時、その科学の成果の本来の目的から外れ、人類の発展や成長のためではなく、自分たちの経済至上主義、利便性、「神聖なるエゴイズム」とよばれる国家的利益のために使用されてしまいます。私が核兵器を「心の内なる」核兵器と書いたように、原発も人間の心の内に潜む「神を畏れない」罪悪からきていると思っています。その人間の現実を直視し、人間の叡知と高い倫理性をもって、それと如何に戦い、克服していくか、ということが、将来の私たちに課せられた課題だと思います。

【質問】キリスト者として今回の地震、津波、原発事故の神学的、哲学的意味をどのように考えますか。

【回答】一言で言いつくすことはできませんが、私はブルトマンとヤスパースの弟子であったユダヤ人女性哲学者のハンナ・アーレントの思想が大変参考になると思っています。『思想としての3・11』（河合出版）の中に、東京女子大学の森 一郎先生も「世界を愛するということ」という題で書いておられますが、何よりも先ず、「自然」と「世界」を区別することから始めなくてはなりません。大地震や大津波や地殻変動は人間がどうすることも出来ない自然現象であり、自然法則なのです。人間はよく「自然保護」を唱えたり、「自然を守ろう」と言っていますが、自然にとっては人間の存在は吹けば飛ぶような、どうでもいい塵の様な存在であって、何人殺傷しようが、何兆復興費がかかろうが、それは関係のないことなのです。自然現象や法則は善悪無記《ぜんあくむき》（すべてのものの性質を分類し、善と、悪と、善でも悪でもないものの三つとしたもの。）なもので、善いとか悪いとか言えるのは「自然」ではなく、人間の「世界」の内部の問題なのです。そもそも人間は自然の恵みによって生かされているのですから、どんな自然災害があっても天を恨んだりすることはできません。

　とはいえ、現実に自然災害が起こると、誰かに責任を負わせないと気がすまないものです。そこで今回は安全神話を説いて国民を騙し、不完全な原発や必要な避難設備を作っていなかった政府や原子力村の者たちの人災として糾弾されました。しかし問題なのは、本来安全な天然ウランを発掘して、世界の中に取り入れ、人工的に危険極まりのない核兵器や原発を造った人間の貪欲と傲慢にあります。そのため自然と世界の境界が撹乱され、曖昧模糊《あいまいもこ》なものとなってしまったことによるのです。「世界」とは自然の暴力にたいして人類の生存と平和を守るために、人間が英知を集めてつくりあげたものです。「ものづくり」は日本のお家芸と言われますが、問題は世界と人類を滅亡させるような「ものづくり」は利潤と利便性という経済至上主義によるもので、真実な「世界」の形成に役立っていません。私は「ものづくり」の大切さを否定しませんが、使用済み核燃料のような核のゴミは、半減期数万年もかかるという、文字通り未来の人類に有害な影響を与えるようなものは絶対に造ってはなりません。

私はプロテスタント（抗議する人）なので、常に改革する教会をめざしていますし、新しい核の時代には新しい神学が形成されてもよいと思っています。「3・11」の大惨事以来、「神はどこにいるのか」、「神も仏もあるものか」という呻き声を度々聞いて来ましたが、神は人間と無関係な大自然の法則や秩序の中にいますのではなく、わたしたち人間と人間が構成しているこの「世界」の中に居られると考えています。私はかつて『あなたはどこにいるのか』という題名の著書を出していますが、神は禁断の木の実を食べて罪を犯して茂みの中に逃げ込み、神から身を隠そうとしたアダムとイヴに対して「あなたはどこにいるのか」、「私の前に立ちなさい」と言われました。今日の核時代はまさに「世界」を滅亡させるかも知れない危機の中にあって、人間が神から逃避するのではなく、自主的に神の前での倫理的責任を取るように求められている時代だと思います。

私論ですが、現代のキリスト者の中には聖書の一言一句が間違いのないものと信じている人は少ないでしょう。アメリカの一部の州では、今日でもダーウィンの進化論を否定しているファンダメンタルな学校やキリスト教会が沢山ありますが、そのような非科学的な神学の立場に立って、古代からの「大自然の創造神話」を鵜呑みにして思考停止している信仰に立つならば、大地震も大津波も大噴火も地殻変動も、全て「神のみ旨」ということになるでしょう。しかし私にとっては、自然は善悪無記なものなのであり、神とはあくまで「世界」に責任を負う人間の在り方に開係しています。たとえば「神は愛である。愛のあるところに神はいます」「たとえ山を移すほどの信仰があっても愛がなければ無に等しい」と聖書の言葉に示されているように、愛と寛容と赦し、他と平和的に共生することこそが人間の「世界」を造り、人間の生命と平和を守る道であり、そここにこそイエスが「わが父よ」と呼びかけられた神がいます、と私は信じています。

以上が証人として答弁した私の意見の大筋である。

その後、判事団協議のため休憩され、最後に判事決定第五号が言い渡されて終了した。その判決文は以下に掲載する。

以上

「民衆法廷」判決文

原子力発電所を問う国際民衆法廷・広島公判
決定5号 第Ⅱ部「核兵器ならびに原子力発電の犯罪性」
二〇一二年七月一五日

一　原子力平和利用と核兵器製造能力維持の歴史的経過
二　核抑止力ならびに拡大核抑止力の犯罪性
三　原子力発電の犯罪性
四　結論

一　原子力平和利用と核兵器製造能力維持の歴史的経過

南太平洋マーシャル諸島のビキニ環礁で米国が行った水爆実験により焼津のマグロ漁船第五福竜丸が被災した翌日の一九五四年三月二日、原子炉建造のため、二億三、五〇〇万円の科学技術振興追加予算が、突然、自由党、分派自由党ならびに改進党の保守三党の共同提案として衆議院に出され、ほとんどなんの議論も行われず可決された。

一九五三年末にアメリカが打ち出した。「Atoms for Peace」、すなわち「原子力平和利用」の方針に沿っても核兵器開発は一切行わず、電力エネルギー開発だけのための原子力利用を政策として掲げた日本。その日本最初の原子力関連予算の提案趣旨説明で、核兵器製造能力開発と保有の重要性が明確に唱われ、しかもほとんど何の審議も行われずに成立していることは、実に驚くべきことである。

この原子力予算成立を受けて、同年四月二三日には、日本学術会議総会において激烈な論議の結果、平和目的の原子力研究においては、「情報の公開、民主的かつ自主的な運営」を行うという三原則の実行を政府に要求することを、科学者たちは決定した。この三原則の採用を政府も最終的には受け入れ、我が国の原子力開発の基本方針として、一九五五年一二月六日に成立した原子力基本法の中に取り入れられた。ところが、その後の日本の実際の原子力開発は、周知のごとく、「情報秘匿、非民主的で米国従属」という全く逆の三原則の下で推進されてきた。

一九五五年一二月二六日、日米原子力協定が調印された。翌五六年三月一日には日本原子力産業会が発足し、同年六月には特殊法人・日本原子力研究所が茨城県東海村に設置され、八月から試験炉の建設が始められた。日本原子力産業会には電力、ガス、石油、鉄鋼、金属、化学、建設、貿易など様々な分野の企業六〇〇社余りが参加した。しかし、中心となった企業は、旧三井財閥系三七社、旧三菱財閥系三二社、旧住友系財閥一四社の三グループであった。翌五七年一一月一日には、9電力会社ならびに電源開発社の共同出資により、日本原子力発電株式会社が設立され、かくして原子力発電商業化へ向けての基礎が作られたのである。その後、前記の旧財閥系企業と電力会社が密接に協力しあい、日本の原発建設をこれまで長年にわたり推進してきた。

一九五七年五月一四日、岸 信介首相（外務大臣兼任）は、外務省記者クラブにおいて、潜水艦航行や兵器発射のための動力源としての原子力利用、さらには自衛目的のための核兵器保有は、憲法に抵触しないという意見を明らかにした。その後、このいわゆる「核兵器合憲論」は歴代首相によって継承され、ほぼ日本政府の統一見解となってしまっている。岸 信介は、さらに、一九五八年一月一六日に東海村原子力研究所を訪問した際の印象として、「平和利用にせよその技術が進歩するにつれて、兵器としての可能性は自動的に高まってくる」のであり、「日本は核兵器は持たないが、潜在的可能性を高めることによって、軍縮や核実験問題などについて、国際の場における発言力を強めることが出来る」と日記に記している。その後の日本の原子力エネルギー開発は、まさに岸が望んだような道程を歩み、「核兵器製造能力」を開発、維持しながら、現在に至っているのである。

日本が自国の核兵器生産の可能性について本格的な研究を始めたのは、岸 信介の実弟、佐藤栄作が首相の座についていた一九六〇年代後半から七〇年代初期にかけての時期であった。この時期、佐藤首相の指示で、日本の核兵器生産ならびに核兵器運搬手段（＝ロケット技術）に関する技術的評価や政治的評価に関する複数の研究・検討が、内閣、外務省、防衛庁、海上自衛隊幹部などによって、半ば公式に、半ば私的形式で精力的に行われた。かくして、佐藤政権は、核保有問題を、岸政権以来の法律論・抽象的議論から、実際の製造可能プロセスの研究というレベルへと押し進めた。ちなみに、アメリカ政府はＣＩＡの調査報告で、日本がこうした研究を進めている情報をはっきりと把握していた。

この核兵器製造潜在能力に関する本格的な研究は、アメリカとの沖縄返還交渉が進められる中で、同時並行的に行われた。沖縄返還にあたっては、当時の国民の圧倒的な反核意識の故に「核抜き本土並み」を基本方針とせざるをえず、したがって沖縄返還問題との関連で、佐藤政権は、非核三原則（核兵器は作らない、持たない、持ち込まない）、日米安保条約の下での米国核抑止力依存・核軍縮政策の推進・核エネルギー平和利用という「核政策４本柱」を公的政策として表明した。

「非核三原則」は単に日本国民感情に配慮して導入されただけではなく、核兵器製造潜在能力は十分持っていながらも、当分は核武装は行わないことをアメリカ政府に対して保障してみせ、それと引き換えに沖縄の「核抜き返還」を承諾させるための「外交カード」としての役割も担わされていたのである。さらに、佐藤政権の核武装化断念には、それとの引き換えに、日本に対する米国の核の傘＝拡大核抑止力を保証させるという意図も含まれていた。ところが、アメリカ側は、日本の核武装化は絶対に許さず、沖縄返還の条件として、あくまでも「有事核持込み」を要求したため、「非核三原則」という公約上、佐藤政権側はこのアメリカの要求を「裏取引」というかたちで飲み込んだのであった。そのため「非核三原則」は最初から実体のない虚偽の公約となり、その結果、「核軍縮政策の推進」というもう一つの「核政策の柱」が、これまた形骸化してしまったのも当然であった。

日本の核兵器製造能力開発研究は、単なるペーパー・プランではなかった。日本政府は、一九六七年三月、最終的に高純度プルトニウムを製造するためのプロジェクトとして動力炉・核燃料開発事業団（動燃）を科学技術庁傘下に設置した。このプロジェクトは、原発における使用済み核燃料からプルトニウムを取り出し再び燃料として利用することで、無限のエネルギー源が得られるという「夢のプロジェクト」として国民には説明された。一方で、このように再処理工場と高速増殖炉の技術開発を目指しながら、同時に、通信衛星や監視衛星を打ち上げ、さらには核兵器運搬手段ともなるロケットの技術開発を国家戦略の下に統合するため、一九六九年六月には、宇宙開発事業団を同じく科学技術庁傘下に設置した。

一九七三年一〇月、第四次中東戦争が勃発し、その影響で石油価格が急騰するという、いわゆる「オイルショック」による打撃を日本経済は被った。これが日本のエネルギー政策に大きな転換をもたらし、原子力エネルギーの拡大を急激に押し進めた。一九七四年六月には、田中角栄内閣の下で、日本全国で急速な原発増設を図るため、いわゆる電源三法（電源開発促進税法、電源開発促進対策特別会計法、発電用施設周辺施設整備法）を成立させた。この新しい法令によって、発電量に応じて発電事業者に課税し、その課税徴収分を、発電所を受け入れた自治体への地方交付金として配付するという制度が導入された。原発立地促進のため、原子力発電の交付金は、火力・水力発電より二倍以上の交付金が支給されるというシステムとされた。その結果、これ以降、原発建設は急速に拡大し、一九七五年には、日本の原子力発電量は一挙に一〇基五三〇万キロワットにまで拡大され、米・英・露に次ぐ原発大国となった。一九八五年には原発の数は三三基、九〇年には四〇基まで増加した。

この原発建設増加は、同時に、電源三法交付金の配付と使途をめぐる政治腐敗と汚職を全国規模で蔓延させた。とりわけ原発立地となった町村では伝統的な共同社会が崩壊し、漁業や農業などの健全な地場産業が立ち行かなくなり、経済生活は原発に全面的に依拠しなければならないという、甚だしく歪んだ社会構造を産み出す結果となった。

一九七九年のスリーマイル島原発事故や、一九八六年のチェルノブイリ原発事故の後も、日本の原子力安全委員会や電力会社をはじめとする原発産業界は、高度で安全な原子力技術を持つ我国では、このような事故は起こりえないと主張し、多額の資金を使い、様々なメディアを利用して「安全神話」を国民に信じ込ませた。国内でも一九九五年一二月の高速増殖炉「もんじゅ」ナトリウム漏洩事故や、一九九九年九月のJOC核燃料加工施設臨界事故、二〇〇七年七月新潟県中越沖地震による柏崎刈羽原発事故といった重大な事故の上に、多くの事故を各地で起こしてきたが、しばしば事故を報告しなかったり、情報を開示しないというごまかしを続けてきた。政府関係省庁、電力会社、原子力産業界のこうした自己過信と自己欺瞞が、最終的には二〇一一年三月の福島第一原発における大事故を引きおこす大きな要因の一つとなったことは、あらためて詳しく説明する必要はないであろう。

一方、核兵器製造能力の開発と維持の面でも、日本政府は「日本経済の存続にとっての原子力エネルギー利用の絶対的な必要性」を声高く唱えることで、その意図を隠蔽し、国民を欺く政策を取り続けてきたし、現在も取り続けている。茨城県大洗の「常陽」や福井県敦賀に建てられた「もんじゅ」、さらに青森県六ヶ所の再処理工場は、核兵器に使われる高純度プルトニウムを抽出する特殊再処理工場であり、これらの施設は、すでに述べたように、「無限のエネルギー源開拓プロジェクト」という夢を駆り立てることで推進されてきた。かくして、日本の「プルトニウム開発」は核兵器製造目的のものではなく、あくまでも「エネルギー政策の一環」であることを、自国民のみならず、海外に向けても日本政府は広く宣伝してきたのである。

すでに説明したように、アメリカは一九七〇年代末までは、日本の核武装化を許すような政策は取らなかった。ところが、日本が高純度プルトニウムを生産する増殖炉技術をアメリカから入手する機会は、レーガン政権下の一九八〇年代末とブッシュ政権下の九〇年代初期の間にやってきた。発電をしながら使用済み核燃料を高鈍度のプルトニウムに転換するという増殖炉計画は、当時、アメリカ、ドイツ、フランス、イギリスが試みたが、どの国もその技術を実験段階から商業用にまで高めることはできなかった。アメリカはこの計画が資金的にも技術的にも頓挫したときに、それまでほぼ三〇年にわたって核兵器用プルトニウムを生産してきた自国の軍事技術を日本に移転することで、この計画の継続をはかったのである。もちろん、アメリカはそうした技術移転で、日本が大量の核兵器用プルトニウムを蓄積するであろうことは十分に承知していた。事実、現在日本のプルトニウム保有量は四五トンという大量なものとなっている。

それを承知の上で、レーガン、ブッシュ政権は、なにゆえにそのような技術移転を、一九七八年にカーター政権が核物質拡散防止目的で設置した原子エネルギー法に違反してまで行ったのであろうか。いくつかの政治的・軍事戦略的な理由が推測できるが、最も説得的と思われるのが、当時の米ソ関係悪化と中国の核戦力の急速な強化という要因であろう。日本がソ連または中国の核攻撃を受け、アメリカが安保条約に基づき核兵器で日本を防衛する軍事行動に出れば、アメリカ本土が核攻撃の目標となってしまうであろう。こうした最も危険な核戦争の状況を避けるためには、日本がいつでも核武装できるような状態にしておくことがアメリカにとっては有利である、とアメリカ政府は考えたのではなかろうか。しかも、この政策が、その後も現在のオバマ政権まで継承されてきていると思われる。

しかし、周知の通り、「もんじゅ」は一九九五年一二月にナトリウム漏れ事故を起こし、「常陽」は二〇〇七年に燃料交換機能に障害が発生して、両方とも運転中止に追い込まれた。さらに、一九九三年から建設が進められてきた六ヶ所再処理工場も、二〇一一年二月までに約二兆二千億円という膨大な費用を投入したにもかかわらず、試運転の段階で次々と問題を起こして、現在も全く見通しがたたない状態で、「夢のプロジェクト」は全て頓挫してしまった。「もんじゅ」には二〇一一年一一月までに、一兆八一〇億円以上が投入され、「核燃料サイクル」事業全体では、日本はこれまでにほぼ一〇兆円という膨大な予算を使ってきた。その上、福島第一原発事故では、ウランとプルトニウムを混合したMOX燃料を使う三号機が爆破し、大量の高濃度放射能を放出したにもかかわらず、日本政府はそれでも「核燃料サイクル事業」を根本的に見直そうとはしていない。

日本政府が今後も引き続き核兵器製造能力を高め維持する政策を取り続けるつもりであること

は、今年六月二〇日に成立した「原子力規制委員会設置法」、ならびに、それに伴う原子力基本法改定の内容から明らかである。この「原子力規制委員会設置法」の法案は、政府が国会に提出していた「原子力規制庁設置開連法案」に対立して自民・公明両党が提出していたものである。ところが、六月一五日に突然、政府案が取り下げられて、自民・公明両党に民主党も参加した三党案として、衆議院に提出された。新聞報道によれば、二六五ページに及ぶこの法案を、みんなの党が受け取ったのは、当日の午前一〇時であり、質問を考える時間も与えられなかったといわれている。法案は即日可決され、直ちに参議院に送られて、この日のうちに趣旨説明が行われ、二〇日には原案通り可決された。これによって、原子力を平和目的に限定するとしてきた原子力基本法に、「わが国の安全保障に資する」という条文が加えられた。「安全保障」とは言うまでもなく、「軍事利用」を指す。これは、日本が核兵器製造能力の開発・維持、ひいては保有の可能性と意図を、これまでは暗示的に国内外に示してきたが、これによって明示するという、大きな政策転換を行ったことを意味している。

かくして、平和憲法がこの六六年でなし崩し的に空洞化されてきたと同様に、史上初の原爆被害国の日本の「核軍縮」政策も、「原子力平和利用」政策導入以来、なし崩し的に形骸化されてきたことは、これまでの経緯を見てみれば明らかである。

二　核抑止力ならびに拡大核抑止力の犯罪性

前記「原子力規制委員会設置法」の法案作成の中心人物は、塩崎恭久衆議院議員で、彼は「核の技術を持っているという安全保障上の意味はある。日本を守るため、原子力の技術を安全保障からも理解しないといけない」と述べたと伝えられている。すなわち、核兵器を実際に保有していなくとも、核兵器製造技術を保有しているだけで「核抑止力」になるというのが、その主張の主旨である。自民党の石破茂政調会長（元防衛相）もまた、昨年からしばしば、「原発を維持することは、核兵器を作ろうと思えば一定期間のうちに作れるという〈核の潜在的抑止力〉になっている」と発言し、福島原発事故以来、全国で高まっている脱原発運動に対して批判の声をあげている。

日本の為政者は戦後一貫してアメリカの「核の傘」、すなわち核抑止力に依存する「拡大核抑止政策」を国是としてきたし、すでに見たように、自国の核兵器製造能力の開発・維持を陰に陽に国外に示すことで「核の潜在的抑止力」を働かせていると考えてきた。日本の政治家ならびに官僚の中には、こうした「拡大核抑止力」や「潜在的核抑止力」の支持者が多数いるのが現状である。

原爆被害国として核兵器の残虐性と長年にわたる被爆者の苦痛を目にしてきた日本人の中に、意識的にせよ無意識的にせよ、「核兵器の使用」が犯罪行為であるという認識は広く共有されている。無数の市民を無差別に殺戮し、放射能による激しい苦痛をもたらす核兵器の使用が、国際刑事裁判所ローマ規程・第7条「人道に対する罪」（とくに(a)殺人、(b)殲滅、(c)住民の強制移送、(k)意図的に著しい苦痛を与え、身体もしくは心身の健康に重大な害をもたらす同様の性質をもつその他の非人間的な行為）、ならびに第8条「戦争犯罪」（とくに文民ならびに民用物、財産への攻撃）であるという認識は、国際的にも共有されている。同時に、核兵器の使用はジェノサイド条約（一九四八年国連採択の「集団抹殺犯罪の防止及び処罰に関する条約」）に違反する行為であるとも判断できる。

ところが、「核抑止力」の保持は、実際に核兵器を使う行為ではないことから、犯罪行為ではなく、政策ないしは軍事戦略の一つであるという誤った判断が一般的になっていると言ってよい。実際には、「核抑止力」は、明らかにニュルンベルグ憲章・第6条「戦争犯罪」(a)「平和に対する罪」に当たる重大な犯罪行為である。「平和に対する罪」とは、「侵略戦争あるいは国際条約、協定、誓約に違反する戦争の計画、準備、開始、あるいは遂行、またこれらの各行為のいずれかの達成を目的とする共通の計画あるいは共同謀議への関与」と定義されている。「核抑止力」とは、核兵器を準備、保有することで、状況しだいによってはその核兵器を使ってある特定の国家ないし集団を攻撃し、多数の人間を無差別に殺傷することで、「戦争犯罪」や「人道に対する罪」を犯すという犯罪行為の計画と準備を行っているということを、常時、明らかにしているという威嚇行為である。核兵器の設計、研究、実験、生産、製造、制作、輸送、配備、導入、保存、備蓄、販売、購入なども、明らかに「国際条約、協定、誓約に違反する戦争の計画と準備」である。したがって、「核抑止力」保持は「平和に対する罪」であると同時に、「核抑止力」による威嚇は、国連憲章・第2条・第4項「武力による威嚇」の禁止にも明らかに反している。一九九六年の国際司法裁判所ICJの『核兵器の威嚇・使用の合法性に関する勧告的意見』も、その第47項において、「想定される武力の使用それ自体が違法ならば、明示されたそれを使用する用意は、国連憲章・第2条・第4項で禁じられた威嚇である」と明記している。

核兵器の使用は大量殺戮と広域にわたる環境破壊、最悪の場合は人類破滅という結果をもたらす徹底的でかつ極端な破壊行為であることから、その実際の使用行為と準備・保持による威嚇行為一体のものと考えるべきであるとも言える。C・G・ウィーラマントリー判事は、ICJの勧告的意見に関連して出した個別意見の中で、核兵器を使用しての「自分の敵の徹底的な破壊あるいはその完全な消滅をもたらすであろう損害あるいは荒廃を起こす意図は、明らかに戦争の目的を超えている」と述べて、「核抑止力」の不条理性を強く非難している。すなわち核兵器保有それ自体が、極端な威嚇行為、すなわちテロリズム行為であり、したがって「核抑止力」を使う人間は「テロリスト」であると認識されなければならない。国家が「核抑止力」を使うということは、それゆえ「国家テロ」行為であり、その国家の元首をはじめとする為政者ならびに軍指導者たちは明らかに「テロリスト」なのであり、「平和に対する罪」を犯している「犯罪者」なのである。

核兵器を実際にはいまだ保有していなくとも、核兵器製造能力を十分持っており、いつでも製造する「計画と準備」があるということを明示すること自体が、「人道に対する罪」や「戦争犯罪」を犯す「計画と準備」を行っていることと同義であることから、石破茂や塩崎恭久が示唆する「潜在的核抑止力」もまた「平和に対する罪」と定義しうる行為である。同時に、アメリカの「核の傘」に依存する「拡大核抑止力」とは、「人道に対する罪」や「戦争犯罪」を犯す「共通の計画あるいは共同謀議への関与」、つまり「共犯行為」であるところから、これまた明らかに「平和に対する罪」と定義されなくてはならない。

したがって、これまで日本政府が長年依存してきた安保同盟の下での「拡大核抑止力」も、核兵器製造能力の開発・維持、すなわち「潜在的核抑止力」も、いずれも国際法に違反する明確な犯罪行為であることを我々は強調する必要がある。

では、「自衛のための核兵器使用は合法的行為」であるという主張に正当性はあるだろうか。「自衛」とはいったいどのような行為を指すのか、その定義は非常に難しい。武力紛争や戦争は、しばしば「自衛」という口実で開始されることからも分かるように、「自衛」は極めて恣意的な概念である、例えば、ナチスは「予防的自衛」と称して侵略戦争を正当化した。米軍によるアフガン攻撃やイラク攻撃すら「自衛戦争」であるとブッシュ政権は主張した。「自衛戦争」は、自国をどうしても防衛しなければならないという必要に迫られて行う戦闘行為であり、その際使われる軍事力は、攻撃してくる敵の軍事力と格差がありすぎてはならず、ある程度の均衡性を保つようなものでなくてはならない、というのが一般的な認識である。自衛する側の戦力が敵の軍事力よりはるかに強大であったり、逆に極めて弱小であれば、戦闘の内容自体が「自衛」という性格をもたなくなってしまうからである。すなわち、「自衛戦争」では、「必要性」と「均衡性」という二つの要素が重要視される。大量破壊兵器である核兵器が、この「必要性」と「均衡性」という要素の条件を満たすような性格の兵器でないことは明らかである。

しかも、「人道に対する罪」や「戦争犯罪」を犯さずに核兵器を使用することは現実的に不可能であるところから、「合法な自衛戦争」においてもこれを使用することはできない。また、どのような理由があるにせよ、一旦、小型のものであれ核兵器が使用されれば、大型核兵器の全面的な使用へと急速にエスカレートしていく危険性があることも明らかである。よって、「自衛のための核兵器使用ということは、法理論的にも現実的にも許されないことであり、したがって、「核兵器合憲論」は、憲法自体のみならず、国際法の観点からしても、論理的に不整合でありかつはなはだ不条理である。同時に、原発（とりわけ高速増殖炉）と核燃料再処理工場の存在そのものが「潜在的核抑止力」と一体となっていることを考えると、これらのいわゆる核エネルギー関連施設の存在は、憲法第9条の「武力による威嚇又は武力の行使は、国際紛争を解決する手段としては、永久にこれを放棄する」という条文に違反するものであると言える。

三　原子力発電の犯罪性

原子力発電事故による最も深刻な被害は、放射能被曝による死亡または多種にわたる癌や白血病などの発病、さらには被曝の恐怖が原因の精神的疾患である。原爆攻撃の被害者、核実験場、核兵器製造工場、ウラン採掘場ならびにその近辺地域で被曝した人たちと同様、原発事故によって放出された放射能による外部・内部両被曝が、後発性の癌や白血病、心臓病などの内臓疾患、眼病など、様々な病気を引き起こすことは、チェルノブイリ事故の被災者、とくに幼児の発病ケースが多いことからも明らかである。

原発事故の場合、核兵器攻撃とは異なり、瞬時にして無数の人間が無差別に殺傷されるといったケースは少ないかもしれないが、事故後、何年にもわたり、時には後世代にまでわたり、放射能被曝は被災者の健康を蝕み、様々な病気を発病させ、最終的には死をもたらす。チェルノブイリや福島での原発事故からも明らかなように、放出された放射能は、原発から数十キロから数百キロ圏内に至るまで降り注ぎ、そのような広い地域に居住する多くの住民が無差別に被曝を余儀なくさせられる。さらには、残留放射能レベルが高い原発近隣地域やいわゆるホット・スポット地域の住民は、故郷を失い、移住を余儀なくされる。すなわち、原発事故は、長期にわたる大量無差別殺傷、すなわち「殺人」、「殲滅《せんめつ》」の地に、「住民の強制移送」を引き起こし、「身心両面の健康に重大な害をもたらす非人間的な行為」であることから、核兵器の使用と同様に、「人道に対する罪」であると判断できる。

これまで、「人道に対する罪」は、紛争時あるいは戦時にのみ犯される残虐な戦争犯罪の一種と一般的には考えられてきた傾向がある。しかし「人道に対する罪」とは、「戦前、戦中における、一般人民に対しての殺害・殲滅・奴隷的扱い・強制移動などの非人道的行為と、政治的・人種的・宗教的理由による迫害」と定義されており、「戦前」すなわち平時においても起こりうる犯罪であるということを忘れてはならない。しかも、地震や津波によって引き起こされる過酷事故の場合には、必然的に無数の市民を放射能被曝の被害者にするということを明確に知りながら原発や放射能関連施設を稼働することは、「人道に対する罪」を予防しようとする意志が完全に欠落していることを表明している。したがって、原発の建設・設置そのものが、犯罪行為と称せるのではなかろうか。いわんや、地震が起きれば大事故を引き起こすような活断層の存在する地域に原発を建設することは、犯罪行為と言えるのではないか、原発事故によって放出される放射能は、人間の健康を冒《おか》すのみならず、広範囲にわたって環境そのものを汚染することは改めて詳しく説明するまでもないであろう。住宅地、農地、森林、植物、河川水、海水と、これまた無差別に全ての環境を汚染し、その結果、その地域に生息する家畜はもちろん、あらゆる種類の生物を無差別かつ大量に殺傷する。したがって、これは「環境に対する犯罪行為」とも称せる行為であり、一九七二年六月一六日に国連で採択された「人間環境宣言」に明らかに違反する。

「人間環境宣言」は、その前文において、「自然の環境と人が創り出した環境は、ともに人間の福利および基本的人権ひいては生存権そのものの享有にとって不可欠で」あり、「現在および将来の世代のために人間環境を守りかつ改善することは、人類にとって至上の目標」であると述べ、環境汚染は基本的人権ならびに生存権の侵害であることを示唆している。この宣言の第1原則「環境に関する権利と責任」では、「人は、その生活において尊厳と福利を保つことができる環境で、自由、平等および十分な生活水準を享受するとともに、現在および将来の世代のため環境を保護し改善する厳粛な責任を負う」と謳われている。福島原発事故の被災者たちは、日常生活において「尊厳と福利を奪われ、不自由で差別された生活環境の中で暮らすことを強要され、「将来の世代のため環境を保護し改善」できるような社会条件を著しく奪われているのが実情である。

したがって、原発事故による環境汚染は、核兵器の使用と同様、一九四八年一二月一〇日に国連で採択された「世界人権宣言」、とりわけ、第3条「生命、自由、身体の安全」と第13条「移動と居住の自由」の二つに対する権利を剥奪する違法行為である。それは同時にまた、日本国憲法で保障された人権、すなわち13条（生命権、幸福追求権、環境権）、22条（居住・移動の権利）、29条（財産権）、25条（生存権）、26条（教育を受ける権利）、27条（働く権利）、11条ならびに97条（将来世代国民の権利）を剥奪するものでもある。

さらに、「人間環境宣言」第3原則「再生可能な資源」では、「再生可能な重要な資源を生み出す地球の能力を維持し、可能な限り回復または改善しなければならない」とされており、第4原則では「野生生物とその生息地は……人はこれを保護し、賢明に管理する特別な責任を負う」とも謳われている。第6原則「有害物質の排出規制」によれば、「環境の能力を超えるような量または濃度の有害物質その他の物質の排出および熱の放出は、停止しなければならない」し、第7原則「海洋汚染の防止」では「人間の健康に危険をもたらし、生物資源と海洋生物に害を与え……海洋の正当な利用を妨げるおそれのある物質による海洋の汚染を防止するため、すべての可能な措置をとらなければならない」とされている。ところが、現在、日本政府が推進している「ガレキの全国拡散」は、これらの原則全てに違反する政策であり、東電は高濃度放射能で汚染された排水をたびたび海に放出して、激しい海洋汚染を続けている。

環境問題に関する他の国際宣言としては、リオデジャネイロで開催された「環境と開発に関する国民会議」で、一九九二年六月一四日に採択された「環境と開発に関するリオ宣言」がある。この宣言も、第1原則「人の権利」の中で、「人は、自然と調和しつつ、健康で生産的な生活を営む権利」を有していることをはっきりと謳っている。リオ宣言の中で、福島原発事故との関連で注目すべき原則は、第20原則「女性の役割」である。第20原則では「女性は、環境の管理と開発において重要な役割を有する。そのため、女性の全面的な参加が持続可能な開発の達成に不可欠である」と謳われているが、日本の原発安全委員会の五人の現委員のうち女性は一人だけであり、原発担当大臣、環境大臣、環境副大臣は全て男性である。環境省や通産省で原発問題を担当している官僚たちもほとんどが男性であり、「女性の全面的参加からはほど遠い、恥ずべき状況となっている。

四　結論

ウラン採掘・加工を出発点とする核兵器（DU兵器を含む様々な種類の核兵器製造、核実験、核兵器輸送）ならびにその応用である原子力産業（原発稼働、核廃棄物、核燃料再処理など）では、核兵器の使用や原発事故ではもちろん、そのあらゆる工程で多量の放射能を放出している。広島・長崎への原爆投下やチェルノブイリ・福島での原発事故からも明らかなように、放射能は、人間のみならず、動植物を含む海陸の生きものを無差別にかつ大量に殺傷する。二〇世紀半ばから始まった「核の時代」は、かくして、人類を含むあらゆる「生きもの」、すなわち様々な生命体を犠牲にして築き上げられてきた、いわば「殺戮の政治・経済・社会・文化体制」であると言える。このような体制の確立と維持に努力または協力してきた人間の行為は、人類とすべての生物と地球を絶滅の危険に曝すことを厭わなかった明確な「犯罪行為」であったし、現在も多くの人間が、そうした犯罪行為に深く関わっているのが実情である。我々には、現在、そのような世界を根本から変革するために貢献していくことが要求されている。つまり、我々にいま要求されていることは、絶体的かつ長期的にみれば、単なる人間としての「世直し」の倫理的行動ではなく、あらゆる生命体を守るための「生きもの」としての倫理的行動である。そのような行動の一つとして、我々は、法による正義追求という方法を強化し、広げていかなければならない。

原子力発電所を問う民衆法廷判事
鵜飼 哲
岡野 八代
田中 利幸
前田 朗

III 核と生きものとは共存できない

―宗教者としての立場から―

はじめに

今日、私たち宗教者は「宗教者としての立場」から反原発に関わる根拠は何かということが問われています。私たちは夫々の宗教への関わり方は異なっていますが、しかし私たちが「人間としての究極的な意味と根拠」を求めるかぎり、人間はすべて広い意味で宗教者であると言ってよいでしょう。その中には既成宗教の語る神仏を拒否する所謂「無神論者」もふくまれています。現実に人間を自由にする筈の宗教が人間を拘束したり、律法の鎖に縛り付けたり、支配者の政治権力に結びついて変革を抹殺したり、人間の弱さを食い物にしてやたらに太っている神が敬虔な衣を装っている宗教が横行している以上、既成宗教に対する懐疑と否定の声がやむことはありません。

私の立場は、ナチに抵抗して刑死したボンヘッファー（写真、Dietrich Bonhoeffer, 1906～1945）の

「私は神の前で生き、神と共に生き、神なしに生きる」（『獄中書簡』）と主張した彼の立場に立っていいます。この場合の神なしに生きるという神とは所謂「苦しい時の神だのみ」の神であり、それは「Deus Ex Machina」としての神、作業仮説としての神なのです。彼は他の個所で「今日では、粉飾された宗教的有神論者に並んで、宗教に反対し、語る希望に満ちた無神論者が存在する」と語っていますが、逆説的にきこえるかもしれませんが、神は無力なものであり、苦しむ者と共に何処までも共にある方なのです。神は人間がどのような苦難や艱難の中にあっても、私たちの弱さや苦しみを共に背負う方であり、共にいてくださる方である。その意味で人間は、ドストエフスキー（Fedor Mihajlovič Dostoevskij, 1821～1881）の『カラマーゾフの兄弟』の中に出てくる無神論者イヴァンのように、この世の不条理のゆえに神の存在を拒否し、逃避しようとします。彼の表現を使えば、それは『調和の入場券を謹んでおかえしする』のであって、神そのものを拒否するのではないのです。しかし、神はどこまでも人間を追跡される。そして最後にはゾシマ長老が、「もし神の肯定のほうに解決することが出来なければ、神の否定の方にも

決して解決される時はありません」と諭した時、彼は厳粛な態度で、まじめに神の祝福を受けたということは、誠に意義深い話と言わざるをえません。神は逃走しようとしている人間をどこまでも追跡され、さらに追い越される方なのです。だから私は余り苦しい時の神だのみ的な「宗教者」と呼ばれることを好みません。むしろボンヘッファーの立場に立って言えば、「非宗教的キリスト者」という言葉に一番近いかもしれません。

生命の尊厳

すべての宗教が最も大事にする問題は生命《いのち》の尊厳であると言えます。私たちは生きているというよりも「生かされている」存在です。常にPassiveでなくてはならないのです。「大地と世界とは主のもの」（詩編24）であり、人は生かされて生きているのです。

聖書は創世記の最初に天地創造の神話を語っていますが、多分ユダヤ人がエジプトの奴隷時代に学んだ古代の創造神話に基づいているといわれています。もちろん、今日の地球物理学から見れば、非常識な話の列挙であると言わざるをえないでしょう。しかし私たちはそこに語ろうとしている意味を非神話化しながら考えて行かなくてはなりません。そこで神は人間を「土の塵」でつくり、命の息をその鼻に吹き込まれ、そこで人は生きた者となった。と記されています。そしてすべての地にある生き物を「治め、従わせよ」と、命じられたと記されています。そして最初の人類のシンボルであるアダムとエバをエデンの園に置かれ、自由で豊かな生活を約束されます。しかし唯一つ禁じられたのは、神のように善悪を知ることが出来るようになる禁断の「木の実」を食べるな、ということでした。しかしそれが余りにも魅力的であったため、蛇に誘惑されて食べたためにエデンの園を追放されたと記されています。そして神を裏切った罪を恐れて茂みの間に身を隠していた時、神は「あなたはどこにいるのか」と問いかけられます。つまり罪を隠すことなく私の前に立ちなさい、といわれているのです。そして善悪の知恵を知った人間は、「神の前で」その倫理的良心的生き方を問われることになります。そして神が「治めよ」と命じられたすべての生きものの保全のために責任を負う存在となった、というのです。大地や自然や生きものを支配する人間としてではなく、彼らと共に共生することが求められているのです。

　仏教には釈迦の五戒というものがあり、その第一戒が「不殺生戒《ふせっしょうかい》」（生き物を殺してはいけない。）であることは有名です。殺生は人間にとって最大の罪とされていますが、必ずしも常に精進料理ばかり食べていたわけではありません。法然も「食べないほうがよいが、食べても止むをえない」と語っていますし、親鸞《しんらん》も浄肉と不浄肉を区別していて、決して菜食主義に徹していたわけではありません。もっとも厳しかった時代は元禄時代の「生類憐れみの令」が出された時代で、それは今日でも日本人は犬の肉を食べないという伝統として残っています。しかし人間は他の生物を食べなくしては生きて行くことはできないので、「むやみに殺すな」と解釈したりしています。しかし浄土真宗では人間は結局罪を犯さないで生きて行くことは出来ない罪人ということで、弥陀の本願への信仰によって生きることが説かれているのです。

モーセの十戒では第六戒に「汝殺すなかれ」という戒律があることは有名です。この場合「殺す」は人間の生命《いのち》のみをさしています。しかし旧約聖書によるユダヤの歴史はそれとはまったく反対に戦争と殺人の歴史であり、結局神の選民の敵とみなされる他の人種、他の国の人に対してはむしろ神の命令として殺害することは認められ、血生臭い戦争の話は繰り返し描かれています。ただ同じ神の選民であるユダヤ人同士の殺害は禁止されていると言っていいかも知れません。

しかしイエスは律法の中で安息日に行ってはならない労働として禁止されていた生命を守るための医療行為にたいして、ユダヤの律法にあえて抵抗して、すべての病める者にたいして安息日にも律法に反して医療行為を行われました。パリサイ人は抗議するが、イエスは「安息日は人のためにあるものであって、人が安息日のためにあるのではない」と反論されました。イエスは人の生命はすべてに勝って重要なものであることを示された。その結果、イエスは律法を無視する者としてパリサイ人たちの反感を買い、ローマに訴えられ、十字架にかけられることになったのです。

すべての宗教の究極はすべての生けるものの尊厳を守り、育て、幸せにすることにあります。「生命の尊厳」という言葉に最もふさわしい人物はA・シュヴァイツァー（写真、Albert Schweitzer, 1875～1965）でしょう。四〇代で音楽家、神学者、思想家としてのあらゆる世界的名声を捨てて、アフリカ奥地のランバレネ（Lambaréné）に入り、そこでハンセン病の患者を始めとして多くの黒人の病人や傷ついた動物のために一生を捧げた彼の『いのち』のための働きはよく知られています。また戦後、核実験が行われ、核実験の放射能に苦しむ多くの人々の声を代弁し、そして強く核実験禁止を訴え、その結果、彼は一九五三年にノー

ベル平和賞を与えられました。ただ問題なのは、カール・バルトが批判しているように、彼は「いのち」を神聖化し、第二の神にしたことです。しかし生命《いのち》は神から人間に貸与されているものであり、それは他の生命のために捧げ、他と共に生きるためのものです。イエスは「人その友のためにいのちを捧ぐ。これよりも大きな愛はない」といわれましたが、問題はその生命を何のために用い、捧げるかなのです。その意味でいのちの尊厳性は保たれながら、相対化されなければなりません。アウシュビッツ収容所における人間の生命を虫けらのように殺害するナチズムの残虐性の中で、自分の生命を家族のある気の毒なユダヤ人囚人の身代わりとなってガス室で犠牲となって死んだコルベ神父（写真、Maksymilian Maria Kolbe, 1894～1941）の姿は極めて象徴的です。

カトリックは生命の神聖性ＳＯＬ（Sanctity Of Life）を説いています。そこから死刑、安楽死、堕胎、中絶、自殺等の生命倫理に対して極めて厳しい態度をとっています。プロテスタントはその点では状況に即した倫理的立場をとっており、それはＱＯＬ（Quality Of Life）の立場と言ってよいでしょう。延命治療も安楽死も本人の意志にゆだねられています。ヴァチカンは一九八〇年に「安楽死についての声明」を出し、それ以来苦痛の緩和が目的である限りにおいて安楽死を選ぶことは自由であるということを決定しました。

核兵器と原発によるいのちの危機

この様な大切な生命に対して私たちは果てしない貪欲と経済至上主義によってホロコーストに繋がる危険性を十分認識しながら、大量の核兵器や原発を製造し続けているということは、果たして被造物の保全という神から委託された責任を果たしているといえるのでしょうか。

振り返って、私たちは地球という宇宙の中の小さな星の歴史を辿って見る必要があるでしょう。

宇宙は一三七億年まえにビッグバーンによって誕生し、四六億年前に太陽の惑星として地球が誕生しました。そして一〇万年前に私たちの祖先であるネアンダール人が生まれた、と科学者は教えています。聖書はそれを全知全能である創造者なる神によるものと説いていますが、それは創造神話であり、私は宇宙天体の創造はむしろ自然法則であり、自然の秩序によるものと非神話化して理解しています。しかしそれを「神による創造」と呼ぶか、呼ばないかは別として、私自身は人間の生命は「神与え、神とり給う」ものであり、人間存在の根拠は神の内にある、と信じています。しかし地球が創造されてから四六億年の間には様々の歴史が刻まれてきました。今日私たちは平穏な環境の中で生を営んでいますが、四六億年の地球の歴史は「破壊と再生の繰り返し」でした。地球物理学者によると、この間「生命」は何度も生まれ、何度も滅亡していった。少なくとも氷河期は四回繰り返されて生物は死滅しています。またマグマの噴火によるメタンガスの充満や地球の温暖化によって砂漠化して生物は死滅し、大きな惑星との衝突によって地球は壊滅しました。特に有名なのは六、五五〇万年前、メキシコに幅一五キロの巨大な隕石が落下し、その熱線と衝撃波は広島原爆の一〇億倍の威力があったと言われています。そして地球は三〇〇メートルの津波と黒煙によって太陽の光を失い、一億八、〇〇〇万年栄えた恐竜の時代は終わりを迎えたといわれています。また、何時そのような破滅的な時代が来ないという保証はどこにもありません。

しかし言うまでもなく、今日の「核時代」において私たちが最も恐れているのは、核戦争と原子炉のメルトダウンによって、放射能が全地球を覆い、地球の全生命が破滅する黙示録的時代が到来する時であると言えるでしょう。

現代の私たちは、新しい核文明と核エネルギーの社会体制の中に嫌応なしにくみこまれています。すでに一九三七年にはイギリスやドイツにおいて〈ウラン２３５〉に遅速性の中性子を衝突させると原子核が分裂し、さらに核分裂反応が連鎖的に起こり、そこから莫大なエネルギーや放射能が放出されることがあきらかになりました。しかしイギリスは戦費に追われ製造することができず、アメリカに亡命していたユダヤ人科学者たちに協力を要請し、そこで一九三九年にアインシュタインが中心になってルーズベルト大統領に書簡を送り、大統領は一九四二年にマンハッタン計画を秘密裏に発足させ、六万人という多くの科学者や技術者や軍人に莫大な費用をつぎ込んで研究を始めました。そして一九四五年七月一六日にアラモゴードにおいて、プルトニウムによる核実験を成功させました。そしてその二〇日後にヒロシマにウラン型原爆を投下し、さらにナガサキにも三日後にプルトニウム型原爆を投下し、地球四六億年の歴史において初めて「核時代」という人類にとって最も危険な時代を迎えたわけです。人類は初めて地球上に存在していなかったプルトニウムを創り出し、それ以来世界の大国は競って原水爆の製造を始め、特に東西対立時代には原水爆の実験を大気圏内において約二、〇〇〇回おこなってきました。それ故今日の世界は当時の核実験による放射能、つまり死の灰の降下物を浴びつつある、といってよいでしょう。その影響は軍事的な秘密として隠蔽されていますが、人類はすべて可能性としても、潜在的にも、また現実的にもヒバクシャなのです。そして現在核兵器は「核抑止力」として、あたかも核兵器こそ世界の平和の守護神として黙認されています。日本もアメリカの「核の傘」の下にある限り安全であると信じこまされていますが、この「核抑止力安全神話」こそ最も欺瞞に満ちたものであり、錯覚そのものなのです。「核抑止力」は実際に核兵器を使用するためのものではなく、単なる戦略であり脅しに過ぎないのだから犯罪行為ではない、という前提で考えられています。しかし人間は本来過ちを犯しやすい、罪深い存在であり、自存自衛という大義名分をつけ脅しを超えて、それを現実に使用する狂人のような指導者やテロが輩出しても驚くことはありません。イエスは「悪魔は天使の装いを身につけてやってくる」と言われました。R・ニーバーは「人類がもっとも進歩発展し、文明が最高度に成長した時、それに反比例して、人類は悪魔の働きによって最も堕落し、自身を神に祭りあげる」と言っています。そして歴史の最後にこそ、善悪を決する終末戦争、つまりハルマゲドンの戦いが来るという。それは聖書の歴史観であると言ってよいでしょう。核兵器はただ脅しのためのみにある戦術ではなく、いざという時には使用するという前提なしに、巨額の費用を使って製造したり、貯蔵したり、管理したり、さらに高精度化したりすることはあり得ません。それは明らかに核戦争の準備のための犯罪的な行為です。一九八〇年代、NATOがソ連に対して中距離弾道ミサイルの配備を強行しようとした時、キリスト教会はその態度を問われました。それはヨーロッパの限定的核戦争を意味したからです。それに対してドイツ主流のドイツ福音主義教会は「どちらにも偏らない平均性」という名のもとに中立主義の立場をとりました。それに対してオランダおよびドイツの改革派教会は声明を発表し、核兵器の配備には「いかなる然りも含まぬ否」を宣言すべきであるとし、核兵器の反対は「アディアフォラ（adiaphora）」、つまり自由裁量の問題ではなく、イエスに服従するか否かの信仰告白の問題であると宣言しました。

私たちは現在同じような問題を原発を巡って問われています。一九六三年、アイゼンハワーの「核の平和利用」宣言が公けにされて以来、人々は核の軍事利用から平和利用の転換こそ、人類に平和と繁栄をもたらすものとしてもろ手を挙げて賛同し、ほとんどすべての科学者、政治家、実業家、文化人が原子力村の説く「安全神話」のペテンや欺瞞を見抜く事ができず、経済至上主義の波に乗って原発を推進してきました。しかし、レベル7に達したチェルノブイリの事故や、「3・11」のノクシマの原発事故を通して、安全神話はもろくも崩壊し、日本のエネルギー政策の欺瞞性に国民はめざめました。地震列島の日本の海岸線に科学的な地質調査もなく、五六基の原発が次々と設置されていることは将来の日本の運命にかかわる問題として私たちは抗議せざるをえません。

フクシマの原発事故によってまき散らされた放射能によって大地の生きものは汚染され、現在なお、福島の人々は将来の生活設計もたてられず、苦悩と不安の中で、まだ三十三万人の人々が次々と避難所をたらいまわしにされて、生きる道を模索されている状態です。多くの人がPTSDに苦しみ、うつによって自死されるほどの心の傷が問題にされています。科学者の説によると、チェルノブイリの事故ではヒロシマ原爆による放射能の約七〇〇倍が放出され、フクシマの事故では約三五〇倍の放射能が大地に拡散されたと言われています。しかし現在の医学ではっきり調査出来るのは細胞レベルまでであって、放射能微粒子はさらにその千分の一のレベルの単位のものです。目でみることもできず、色も匂いもないものであるだけに、放射能に対する恐怖は大きいし、医学的にも低線量被曝による「体内被曝」の研究は始まったばかりであり、未だ未知に近い分野であると言わざるをえません。しかも放射能の危険性は、その値がゼロになるまで存在するということです。この位なら大丈夫という「しきい値」はなく、〈セシウム137〉や〈ヨウ素131〉等、放射性防御学の安斎先生が「ガン当たりくじ型障害」と呼ばれているように、核種がどんなに微量であっても、その量に比例して当たりくじ的に障害を起こす可能性はゼロにはならないということです。所謂晩発性の「内部被曝」として、いつ誰の体内に発生するかわからないし、特に発育途上の幼児への甲状腺への影響は無視できないことはチェルノブイリの事故を通して明らかになっています。しかし成人になれば晩発性の発病と放射能の因果関係を特定することはさらに困難です。私もヒロシマの被爆で約三、〇〇〇ミリシーベルトの放射能をあびています。常に不安を取り除くことはできません。しかしガンになったとしても、それが放射能と因果関係があるかどうかを証明出来る医師はいないのです。

原発事故の恐ろしさは医学的問題だけではない。使用済み核燃料の廃棄の問題は一体誰が、どこに最終処分するのか、まだどの国も見通しをもっていません。私たちは十数万年にわたって、将来の子孫たちにその有害な廃棄物の厳格な管理をゆだねなくてはなりません。そのこと自体犯罪的行為と言わなくてはならないでしょう。しかも、その廃棄物の中には軍事用に転用出来る純粋なプルトニウムが抽出され、貯蔵されています。最近のＮＳＮＳの報告によると、現在日本には四五トンのプルトニウムが貯蔵されていて、それは五、〇〇〇発の原爆を製造する能力があるということですが、原発と核兵器とは文字通りコインの裏表ということです。先日自民党は「原子力基本法」を改定し、原発を「わが国の安全保障に資する目的としてこれをおこなう」という言葉を挿入しました。核の平和利用という美名の下で、日本政府は着々と「潜在的核抑止力」の拡大を図っています。ヒバクシャとして、また宗教者として、この様な欺瞞と犯罪を許すわけにはいかないでしょう。

おわりに ―― 良心と倫理のオフ・リミッツを越えて

最初に示したように、人間は神から「大地と自然を治めよ」、「従わせよ」と命じられたが、近代以来人間は「人間中心主義的」となって、自分の経済的利益のために自然を破壊し、恣意的な態度で支配してきました。しかし人間はひとりだけで生きていけるものではなく、他のすべての生きものと共に生命と生命の交流、食物連鎖によって共存してきました。そもそも人間は地球上では最も新参者にすぎず、人間は被造物の全生物圏との相互作用によって生かされている、自然の一部という謙虚な心を持たなくてはなりません。現代までキリスト教では神による天地創造が説かれ、キリストによる贖罪中心の教えを中心に説かれてきましたが、人間による被造物や自然に対する責任倫理はほとんど説かれて来ませんでした。それは今日［生態学的神学］という名のもとに、現代の信仰の深い反省の中で語り始められています。

生態学とはギリシャ語で οἶκος と λόγος 、つまり「神の家の論理」という意味ですが、創造された自然の中で如何に人間と生物と環境が正しく共存しているかを問うことです。現在世界は地球の温暖化を阻止するために CO^2 の問題に取り組むようになりましたが、さらに問題なのは核時代を迎えて全地が放射能によって汚染され、隣人やすべての生きものが死滅するかもしれない危機的な状況を招こうとしていることを深く自覚し、核の拡散を如何に阻止するかが問われている時代です。つまり善悪を知る知識の木の実を食べた人間は常に神の前で倫理的・良心的に生きることを問われています。そして核によって全地もすべての生きものも危機に瀕している時、その倫理的責任を負わなくてはならないということです。ドイツからの報告によると、原発の中止を決定した［エネルギー安全供給に関する倫理委員会］において、一七名の委員の中にカトリックの枢機卿と司教団議長及びプロテスタントからドイツ福音主義教会監督の三人の宗教者が選ばれ、彼らの発言が大きな影響をあたえました。彼らの反原発の理由は原発の故障の危険性、テロ攻撃の可能性、使用済み核燃料の最終処分の未解決性、そして何よりも人間自身の罪悪性と不完全性等があげられたということです。原発には完全な安全性はありえないし、それを扱う人間自身も宗教的理解によれば、罪と貪欲に満ちた存在であり、そこには完全な人間という者も存在し得ない。日本には様々の宗教がありますが、核エネルギーの問題は単なる科学的技術的問題だけではなく、私たち「人間の生き方」にかかわる問題である以上、ドイツと同じようにもっと広い宗教的倫理的視野から考える人たちも原子力安全規制委員に加えられるべきでしょう。

最後に、広島原爆投下の時、気象観測機に乗ってエノラ・ゲイに原爆投下を指令したクロード・イーザリーの晩年の話をして終わりたいと思います。彼は戦後ヒロシマの惨劇を知り、原爆投下の指令を出した自分の罪に苦悩して精神的に病み、「原爆投下は過ちだった」と公に告白するようになりました。そのため彼は軍の精神病院に入れられるが、そこでユダヤ人の哲学者に苦悩を告白して、多くの書簡を交わしました。その往復書簡が日本では『ヒロシマわが罪と罰 —— 原爆パイロットの苦悩の手紙』（ちくま文庫、一九八七年）と題する本として出版されています。また多くの国々でも翻訳され、議論を巻き起こしましたが、その本を読んだバートランド・ラッセルは次のように記しています。

「もしこの手紙を書いた人間が狂人であるなら、仮に私の晩年を精神病院ですごすことになったとしても、私はあえて驚きはしない。なぜならそこでこそ人間的な感情を持った人々との仲間入りができるであろうから」と。

核時代は、人間が人間性を失っていく時代です。前述の原著は『良心への立ち入り禁止区域』となっていますが、人間としての良心と倫理性の立場に立って、「核抑止力」や「原発」に反対したり、抗議したりする人は少ないし、また良心的倫理的に立ち入ることを禁止するような社会体制になっています。つまり「良心の痛まない核兵器や原発の存在」がコンピューターゲームのように私たちの心の中で日常化しつつあります。人々は「ここから良心と倫理の立ち入り禁止区域」を自分の心の中に拡大して行くことによって、いつかすべての生きものが放射能に覆われる危険性を感じながらも、〔OFF LIMITS〕という立て札を前に立ちすくんでいるのではないでしょうか。3・11の過酷体験をした私たち人類は、「あなたはどこにいるのか。私の前に立ちなさい」という神の呼びかけをもう一度思い起こしながら、真実な人間として、たとえ、「あの人は精神が病んでいる」と言われようとも、勇気を持って良心や倫理に忠実に生きる者になりたいものです。

（さよなら原発ヒロシマの会　市民講座　二〇一三年四月三日）

Ⅳ　ヒロシマとアウシュビッツ

―原爆パイロット　イーザリーの苦悩とアイヒマン―

はじめに

ヒロシマと長崎への原爆投下は第二次世界大戦における最も悲惨で残酷な大量虐殺の一つとして人類の歴史に永遠に記憶される出来事である。私自身も爆心地から一・三キロの至近距離の自宅で被爆し、ヒロシマから四キロ離れた似の島に運ばれ、そこで約一万五、〇〇〇人の幽霊のように焼けただれた被爆者と一週間過ごした時の凄惨な経験は一生忘れる事はないだろう。熱気と悪臭と死臭に蒸せていた多数の検疫病棟では四日目にはすべての医薬品も麻酔薬もなくなり、約五、〇〇〇人のヒバクシャが死亡し、私たちは死体と共に寝起きせざるを得なかった。死体はいつまでも放置されていたが、近くの島から衛生兵と呼ばれる若い兵士が救援にきて、芋畑や空き地に沢山の穴を掘って、次々と粗大ゴミのように無感情に投げ込んでいった。もし人間らしい喜怒哀楽の情を持って作業をしていたら、自分自身が精神的に狂ってしまうだろう。人間には自己保存本能というものがあり、この様な状況の時にはアパテイア（apatheia）、つまり人間性を喪失させて自分を防御する仕組みになっているらしい。似の島での一週間はまさに人間的な感情が喪失され無視した「アパシーの地獄」の状態だったと思う。戦後、たびたび似の島から白骨が掘り出されたというニュースが流れるたびに、私はフラッシュ・バックして、もしかして自分の骨ではないか、という錯覚にとらわれてきた。私にとってそれは他人ごととはおもえないからである。

いずれにしても、人類の最先端技術によって製造されたわずか二発の原爆によって、一般市民である女性や老人や子供や妊婦等二〇数万人の市民が無差別に虐殺されたということは、現代の核時代の恐怖を物語っている。ドイツのナチに勝利するために造られた原爆は、ナチが敗北した時、ルーズベルト大統領に原爆製造を進言したシラードもアインシュタインもまた多くの科学者や陸軍長官スティムソンや政治家等はその使用に反対していた。しかしルーズベルトの死後大統領になったばかりのトルーマンは何の躊躇もなく、彼らの反対の声を無視してその使用を推進した。そして「核兵器を持ったアメリカは今や世界平和に特別に責務を負う国になったことを神に感謝する」とヒロシマ原爆投下直後、ラジオ放送している。今日までアメリカ政府の公式見解は「原爆投下は戦争の早期終結を計るために必要なものであり、日本本土決戦による日米の一〇〇万人の犠牲を回避する唯一の選択であった」と弁明し、その言葉は現在もほとんどのアメリカ人の共通認識になっている。それはオバマ大統領がプラハにおいて「アメリカは核を廃絶して行く道義的責任がある」と言った時、エノラ・ゲイ号の唯一の生存者であるジェプソンが「実に幼稚で無責任な発言だ」と批判したのも、自分が原爆を投下したことを正当化しようとしたことの表れだろう。機長であったティベッツも戦後度々広島に来て発言していたが、終始一貫「私は大統領の命令ならば何度でも原爆を投下する」と発言し、およそ犠牲者に対する人間としての良心的痛みや哀悼の念は一切示めさなかった。

原爆投下に対するアメリカキリスト教連合協議会の答申をめぐって

しかし原爆投下に対する是非を巡って、終戦直後アメリカでは激しい論争が行われていた。栗林輝夫の『原子爆弾とキリスト教――広島・長崎は「しょうがない」か?』（日本基督教団出版局、二〇〇八年）に詳しいが、マンハッタン計画を推進し、大統領顧問であったハーバード大学総長J・コナントと、神学者R・ニーバー（写真、Reinhold Niebuhr, 1892～1971）との間で、ニーバー自身も署名していたアメリカキリスト教連合協議会の「核戦争とキリスト教信仰」という答申ををめぐって論争がおこなわれた。コナントにすれば世界大戦は前線も後方も区別のない全体戦争であり、事実ニーバーも原爆投下以前には、ドイツでも日本でも諸都市を無差別攻撃することを認めてきた。現実に、原爆投下前までに一〇〇回に及ぶ日本の大小都市への無差別空襲が実行され、約一〇〇万人の一般市民が無差別攻撃で焼死している。私自身も一九四五年の五月に勤労動

員の関係で福岡に行っていた時、焼夷弾攻撃を受け九死に一生を得た経験をもっている。コナントにとって原爆もその延長線上の無差別爆撃にすぎなかった。つまり空襲は、一般市民に戦意を喪失させ、厭戦的にすることが目標であった。しかしニーバーにとっては原爆は特異なものであり、コナントのように戦争に勝つためには如何なる非道徳的手段も許されるものと突き放す非人道的なメンタリティそのものが許せなかった。そして原爆を使用したことを日本に謝罪しなければ、アメリカは将来道徳を口にすることは出来ないと主張している。

事実、一九八〇年代、私は一か月にわたって全米の教会や神学校や市民集会において被爆証言をしたが、私は彼らにいかなる謝罪も

求めなかった。前著『心の内なる核兵器に抗して』という本の中で詳細を述べているので、ここでは繰り返さないが、私は「ヒバクシャ」ではあるがむしろその前に、原爆を投下させた「加害者」としての責任を負っていることを明言してきた。つまり日本軍国主義や帝国主義によって始められた日中戦争や太平洋戦争を開始した結果が原爆投下をもたらした原因であるということを告白して、ヒロシマの悲惨な実態を話した。その結果、教会や神学校の集会において多くの聴衆から原爆の惨劇に対して、心からの謝罪の言葉を多くうけた。それは一九四六年のアメリカキリスト教連合協議会が出した答申「核戦争とキリスト教」で、ニーバーを中心とするアメリカを代表する神学者たち、たとえばベイントン、ヴァン・デューセン、ベネット等によって、原爆投下に対して謝罪し、アメリカ国民に対して悔い改めを求め、次のように声明していたことにもよるだろう。

「われわれはまずもって罪責告白から始めなくてはならない。われわれはキリスト教徒として原爆の無思慮な使用にたいして、深い懺悔を告白する。我々は、戦時中の道徳原理が如何なるものであれ、ヒロシマとナガサキへの警告なしの投下は、道徳的に弁解の余地のないものであることに一致した」と。

さらにそれは人間性を無視した野蛮な行為であり、アメリカは道徳を口にする資格が無いもの、といっている。しかし、それは一部の進歩的な神学者や知識人の理解であり、米国全体の各教会の風潮がそうであったとはいえない。特にやがてソ連との東西対立が激しくなり、ソ連も中国も核兵器を所有するようになると、国際政治には「核抑止力」が絶対的なものになり、力の均衡なしに平和は保持出来ないという現実主義的な考えかたが常識のようになって行った。核時代にはジュネーブ条約のような国際法も人道的な倫理も道徳も、もはや問題にならないものになって行った。二〇一三年の国連総会において「核兵器の非人道性といかなる状況においてもその使用を禁止する」という声明が一二五か国によって決議され、日本も始めてそれに賛同した。しかし、アメリカや他の核保有国は棄権しており。それ故、現在も依然として核兵器の非人道性は国際的に認められているとは言えない。

原爆投下パイロット　イーザリーとユダヤ人哲学者アンデルスの往復書簡

そのように原爆投下を勝利のためには当然な行為して受け入れられ、原爆パイロットが英雄として歓迎されている当時、エノラ・ゲイの原爆投下一時間前にヒロシマの気象観測機、ストレー

ト・フラッシュ号の機長としてやって来たC・イーザリー（写真上、Claude Robert Eatherly, 1918 -1978）とユダヤ人哲学者G・アンデルス（写真下、Günther Anders, 1902–1992）の往復書簡が一九六〇年代、世界に大きな波紋をもたらした。原著は『OFF limits Fur das Gewissen』という題で西ドイツで発行されたが、たちまち各国語に翻訳されて出版され、世界に大きな反響をもたらした。日本では『朝日ジャーナル』が「良心——立ち入り禁止」という題名で一年間連載した。

ティベッツ機長のように上官の命令があれば、どんな非人道的な爆撃であっても何度でも繰り返すと嘯《うそぶ》いていた原爆投下パイロットの中でただひとり、「良心的人間」として、大きな機械の一つのネジ釘か歯車にしか過ぎないと考えることをはっきりと拒否。当時のアメリカで軍から精神病患者として、復員軍人のための精神病院に収監されたイーザリーの行為は、今日の核時代において一人の人間として生きることに、大きな問題を提起した書物として深い感動を与えた。それは後日筑摩書房から『ヒロシマわが罪と罰 —— 原爆パイロットの苦悩と手紙』と題して出版された。

以下少し彼のプロフィールを紹介しつつ、核時代における人間の在り方について考えてみたい。

クロード・イーザリーは一九一八年生まれで、戦時中は空軍のパイロットとして参戦した。彼は最も優れたパイロットの一人として有名であったし、ヒロシマとナガサキの両市に原爆を投下した唯一の兵士である。彼自身の手紙によれば、彼はヒロシマ原爆投下の場合、エノラ・ゲイ機より約四〇分先に飛び立ち、広島の気象観測機の機長として飛来し、広島の状況を僚機《りょうき》（広義には自機と編隊を組む友軍機をさし、狭義にはその編隊内において指揮官（部隊長・隊長）が搭乗する長機とペアになる機のこと。）のエノラ・ゲイに刻一刻連絡した。彼によると広島上空は晴天であり、日本の戦闘機は五、〇〇〇メートル上空に一五機いたが、一万メートル上空のストレート・フラッシュ号を攻撃する様子もなく、また高射砲もないことを確認、八時過ぎに四国上空にいたエノラ・ゲイ号に「準備完了。広島に投下せよ」との暗号を送った。目標は日本軍司令部に近いT字型の橋を狙ったが、幾分目標を外れ、市内を爆撃することになった、という。その後長崎の原爆投下、さらに東京への原爆投下の演習をしていたが、日本の敗戦によって中止されたという。戦後は一九四六年七月からアメリカがビキニ環礁で行った一連の核実験である「クロスロード作戦」に参加した。これは二一キロトンのプルトニウム原爆で、広島、長崎に続く第4番目と第5番目の核爆発となる。それは上空からと海底から発射され、その目的は核爆発の威力や放射能を実験するもので、標的として約七〇隻の艦艇が集められ、その中にはアメリカ海軍の老朽艦やドイツや日本で接収された戦艦、駆逐艦、潜水艦等が曳航されてきた。写真によると日本の戦艦長門が上空に持ちあげられている様子がはっきりとわかる。しかしその結果は核爆発や放射能の結果が余りにもすさまじいものであったため、その後の実験は暫く中止された。そして破壊された艦船はすべて太平洋の海深くに廃棄された。イーザリーはその作戦に参加して、彼自身放射能をあび、被爆者になった。そして一九四七年除隊することになる。

その後一九七八年喉頭ガンで死亡するまで、彼は自分が犯した過去の行為を振り返り、「原爆投下は正しかったのか」という正当性について疑問をもつようになり、良心的苦悩に悩まされ、原爆投下パイロットとして英雄視されているアメリカで、公けに「原爆投下は過ちであった」と告白した。当然市民からも家族からも猛反対をうけることになる。その後反核運動にもかかわるようになる。彼はジョン・ハーシーの『ヒロシマ』を読み、また原爆乙女たちにも会い、また多くの被爆者たちから手紙によってヒロシマの悲惨さを学び、その結果良心の苦悩は彼の肉体と精神をむしばむようになる。そして、酒におぼれ、精神的に異常な行動を繰り返し、警察に逮捕されることになる。そして米軍の復員軍人のための精神病院に強制的に収監され、数年間法に訴えて出所しようとするが、軍の命令によって収監が継続されることになる。その事件を『ニューズ・ウィーク』が彼を罪のコンプレックスに悩むパイロットとして詳細に紹介したことにより、世界に大きな反響を呼んだ。そしてナチに迫害されたユダヤ人の哲学者であるギュンター・アンデルスがその事実を知り、彼と文通をかわすようになり、その往復書簡が後日発表された。その中には、バートランド・ラッセルの言葉やケネディ大統領への手紙や、精神病理学者ユベルト・ユングのコメント等がふくまれている。特にアンデルスはナチによって迫害され、亡命していたユダヤ人であるだけに、ユダヤ人への大量虐殺の間接性と倫理の問題も視野に入れながら、イーザリーに手紙をしたため、励まし、慰めている。

アンデルスは一九八二年度版のまえがきで、何故この様な文書を公開するかを次のように語っている。

「人類が一個の道具として共犯者になるかもしれない今日の核時代において、再び同じイーザリーが生まれないためである。彼の共同責任は間接的であったにも拘わらず、彼は原爆投下の共同責任者と感じた。責任が無いのに責任を負うという今日の複雑な事実関係の認識こそ、我々の時代における不可欠の認識である。それは彼がアイヒマンと対照的な人物として受け止められたことによっても明らかである。少なくとも、アメリカでは勝利の英雄としてたたえられている時、「原爆を弾劾する」象徴的人物になるということは、人間としての自主性と市民的勇気が必要であった。それは自動的に共産主義者とみなされる危険性があったからである」と記している。

そして最初の手紙で次のように書いている。

「あなたに手紙を送るのは、今日すべての人類の未来の道が転倒した結果生じてきた現代のモラルを、何とかして突き止めたいという願いで、あなたの運命に目を注がせたのが唯一の原因です。人間存在の機械化の中で、人間が機械のネジ釘のように組み込まれ、しかもその結果を予測することさえ不可能になっているのです。つまりあなたは『新しい犯罪体系のカラクリの中に』巻き込まれている最初の人なのです。それはあなた一人の問題ではなく、私たちも同じボートに乗っているのです。原爆犠牲者二十万人の生命に匹敵するような、苦悩や懺悔等出来る筈はありません。それは人間の処理能力を超絶しています。しかし、あなたが毎日苦悩を追い続けていることは必要なことです。そのような苦悩がある限り、再び同じ過ちを繰り返すことは決してないだろうからです」と記している。

確かに彼の原爆投下の責任は間接的なものであり、彼だけが自分の責任として精神病院に入れられるような責任者として苦悩を一人で背負いこむようなものではなかった。第一にヒロシマに原爆を投下する時、それが原爆という人類最初の破壊兵器であるということさえ知らされていなかったし、その破壊力や放射能の恐怖というものには全く無知であった。投下を命令した大統領さえ、果たしてどこまで知っていたか疑問である。特に彼は軍人として上官の命令に絶対に服従をしなければならない立場にあった。さもなければ軍法会議で裁かれる道しかなかった。それにもかかわらず、彼は自分の行為を許すことができなかった。彼はあくまで一人の人間としての良心に忠実であろうとしたからである。

ユングは次のように語っている。

「イーザリーのケースは原爆の及ぼす反作用について初めて目を開かせてくれる出来事である。自ら関与した恐るべき事実を一人の人間として回避せず、否定せず、深刻な犯罪として受け入れた人間である。広義において、彼こそ最もノーマルな人間であった。自国の財宝と権利を守るために、一切の価値と正義と民主主義を破壊してやまない新しい兵器を持つことは、それを意図するだけでも許されない。彼は数十万のヒロシマの死者の幻影のために眠られず、何回も自殺未遂を行い、また毎週、過去を彼の頭から忘却させるための電気ショックを試みられた。しかしいかなる医学的治療も、彼の心をかえることはできなかった。しかしただ未知のイーザリーに差し伸べられたアンデルスの手紙だけが、彼の精神的な援助であった」と述べている。

バートランド・ラッセル卿もこの往復書簡を読み、深い感動を持って次のように語っている。

「もしこの手紙を書いた人間が狂人であるというのならば、仮に余の晩年を精神病院でおくるようになったとしても、余はあまり驚きはしないだろう。何故なら、余はそこでこそ人間的な感情を持った人々との仲間入りができるであろうから」と言っている。

ヒロシマとアイヒマン

この往復書簡の中で、ユダヤ人であるアンデルスはたびたびナチの親衛隊中佐としてユダヤ人粛清指導者であり、アウシュビッツの責任者でもあったアイヒマン（写真、Adolf Otto Eichmann,1906～1962）とイーザリーを対比させながら語っている。戦後、アイヒマンは偽名を使い、フランシスコ修道院の協力を得て、国際赤十字委員会から渡港証の発給をえて、アルゼンチンのブエノスアイレスに逃亡していた。当時ペロン政権は親ナチ的であったため、多くの元ナチ党員が匿われていた。そこでモサドと呼ばれるイスラエル諜報特務員によって潜伏を発見され、エルサレムに送還された。その後、アルゼンチンはイスラエルに厳重抗議したが無視された。彼が発見されたのは、彼の妻の誕生日に花をプレゼントしようとして、花屋に行く事を調報員は知っていたからであった。彼は家族思いの優しい夫であった。これはアイヒマンの人物を示す皮肉な出来事だった。やがて逮捕され、エルサレムにおいて「人道に対する罪」その他一五の犯罪で起訴され、一九六一年裁判を受けていた時でもあった。ユダヤ人六〇〇万人を虐殺した大量無差別虐殺の責任者の一人として、世界の人々はその裁判を注目していた。第一次世界大戦の敗北によってベルサイユ条約で膨大な賠償金を背負い、また世界の大不況にも見舞われ、ドイツ人の約半数は失業状態であった。しかし政治

的にはもっとも民主主義的なワイマール憲法が制定された。この憲法は世界に誇ることのできる最も民主的憲法であり、ドイツはワイマール共和国として再出発することになる。このワイマール憲法の父として、この憲法を書いたのはプロイスであるが、彼はユダヤ人内務大臣であった。この時代はユダヤ人の天国の時代であり、五人の大臣を輩出し、政治的にも外交的にも経済的にも大きな貢献をしていた。そのためドイツにポーランドを中心とした多くの東方ユダヤ人が流入し、それがドイツ敗戦の混乱の中にいる保守的で国粋的なドイツ人の批判と反感と憎しみをかい、ワイマール憲法そのものが無力化して行くことになる。そしてこの混乱と貧困の責任は共産主義と世界中に連絡網を持つユダヤ人の金融業者の仕業であるという思想が広まっていった。そして小さな政党であった国家人民党はナチズムへと成長し、ヒットラーが獄中で書いた『わが闘争』に書かれているように、反資本主義、反共産主義、反ユダヤ主義を掲げて進出し、一九三三年ヒットラー政権が樹立することになる。そしてヒットラーは「全権委任権」を獲得し独裁政治をはじめた。アイヒマンも反ユダヤ的な空気の強いウィーンで過ごしていたため、当然のようにナチ党員となり、ナチの党員として自分の立身出世を夢見るようになる。偶然にも、ヒットラーもアイヒマンも共に同じリンツのヨーゼフ国立実科学校を中退している。そのことは、アイヒマンが大学卒でないために親衛隊の中佐までしか出世できなかったことを、彼はいつも後悔している。

ヤスパースの弟子であるユダヤ人の女性哲学者であるハンナ・アーレント（Hannah Arendt, 1906～1975）のアイヒマンの裁判記録である『エルサレムのアイヒマン』によれば、ユダヤ人六〇〇万人を虐殺した首謀者として世界中の人々が、特にユダヤ人が期待していたような、まさにデモーニッシュな人間ではなく、ごく平凡で、虫も殺せない位臆病で正常な人間でしかなかった、

という報告は、多くの人々を失望させ、アーレントは同胞からも誹謗中傷された。彼女はこういっている。「アイヒマンは私たちとそっくりな、全く平凡な人間であるので、私たちを恐怖におとしいれる」と。彼の人生に決定的な影響を与えたのは、一九四二年のユダヤ人絶滅計画を決定したヴァンゼー会議に書記として参加したことである。それはヒットラーの命令によって、一五人のナチの高官によっておこなわれたが、そこで二分の一ユダヤ人も四分の一ユダヤ人を含め、すべてのユダヤ人の血を受け継ぐものを、アウシュビッツのガス室で集団的に抹殺するという最終的決定がなされた。その時、彼は次のように感じたという。

「私はあの時、ピラトが味わったような気持ちを感じた。自分

には全く罪はないと感じたからである。自分はこの様な問題で判断を下しうるような人間ではない。このような問題について自分自身の考えを持てるような人間ではない」と。ピラトはいうまでもなくイエスを無罪であると信じていたが、ユダヤ人の「イエスを十字架につけよ」と狂い叫ぶ声に負け、暴動になるのを恐れ、水を取り、群衆の前で手を洗って言った。「この人の血については私の責任ではない。お前たちが自分自身で始末をするがよい」と言って、ユダヤ総督としての責任を放棄してしまった。つまり彼は責任を回避し、不作為の罪を犯したに過ぎないということである。アイヒマンはこのピラトと同じようにユダヤ人の絶滅計画の責任はない、と感じていた。彼はその決定がなされた時、私は会場の片隅にいて、タイピストの隣に座り、一言も発言しなかった、と弁明している。しかし第2回目の会議の時には彼は議長をつとめている。自分の出世のためにユダヤ人粛清指揮官となり、親衛隊大隊長として、積極的にアウシュビッツで活動している。ユダヤ人の強制収容所への鉄道による輸送の責任者でもあった。そして一日最高二万五、〇〇〇人のユダヤ人を処理した日もあった。また彼は「私は五〇〇万人のユダヤ人を輸送した」と自慢していたという。しかし彼は決して自分の罪を認めようとはしなかった。自分のしたことはナチの法体系では無罪であり、国家の命令に服従したにすぎないし、それは私の義務であった、と主張しつづけた。虫も殺せない程に臆病で小心者であり、平凡な人間であり、やさしい夫でありパパであったからこそ、彼はナチという組織の中では何の罪意識も、良心の痛みもなしに、非人道的なことを行ったのである。虫も殺せない程従順であったからこそ、ユダヤ人を虫けらのように殺す事ができたということである。この本の副題には「悪の陳腐さについての報告」と記されているが、自分の昇進には恐ろしく熱心であったという陳腐で平凡な理由以外に、彼には何の動機もなかったのであり、それが史上稀な大虐殺を実行する原因になったということである。

イスラエル諜報特務庁長官のイサル・ハルエルが「あそこまで自分の魂を売り渡した心理状態の男を見たことはない。最初私とは知的水準の高い男と対峙していると感じでいた。しかし、その一方で、我々の目の前にいるのは無に等しい、男であり、一から一〇まで協力的で、一度たりとも面倒をかけず、時には自分の方から協力を申し出る間抜けだった」という人物評はあたっているだろう。

最後に判決文の一節を記しておこう。

「君はユダヤ民族に対して行った犯罪が史上最大の罪であることを認め、その中での君の演じた役割も認めた。しかし君は決して賎しい動機から行動したのではなく誰かを殺したいという気持ちもなかったという。ユダヤ人を憎んでもいなかったし、けれどもこうするよりほかになかったし、自分には罪があるとは感じていなかったと言った。また君は最終解決において君の演じた役割は偶然的なものに過ぎず、それ故、すべてのドイツ人が潜在的に同罪である、と言った。君がそこで言おうとしたことは、すべての人間が有罪である場合では有罪なものは一人もいない、ということだった。しかしそれは言いわけとはならない。どんな偶然的な事情で君が犯罪者になったとしても、君がしたことの現実性と他の人がしたかもしれない潜在性の間には、決定的な相違がある。われわれの関心は君の行った行為であって、他人の潜在的犯罪ではない。君が大量虐殺組織の従順な道具になったのは、君自身が大量虐殺を支持したからである。政治は子供の遊び場ではない。政治においては服従は支持と同じである。ユダヤ民族や他の国の国民と地球上に住むことを拒む者に対して、何人も君と共に地球上に生きたいと願うことは期待し得ない。これが君が絞首されねばならぬ理由、しかもその唯一の理由である」と。

核時代のメカニズムの中の一本のネジ釘とならないために

そのようなアイヒマンの裁判を引用しながら、アンデルスはイーザリーに対して次のような手紙をおくっている。

「この大量虐殺犯人が用いている弁明、つまり自分は機構の中で一本のネジにしか過ぎなかった。自分は命令に従ったに過ぎない」という弁明は、他の原爆投下パイロットの弁明と全く同質なものである。アイヒマン流の論理は、今日、われわれの良心をたぶらかすいわばトランキライザー（Tranquilizer 精神安定剤）のように、我々の耳にささやかれる甘い言葉と全く同質のものである。今はこのアイヒマン流の論理を認めないなら売国奴とののしられ、精神病患者と呼ばれるのを覚悟しなくてはならないだろう。しかし君は言った。たとえ小さなネジであっても、この様な一本のネジとして生きることを拒否すると。アイヒマンと君、この二人は今日という時代における、一つの両極を示す実例である」。そして「もしアイヒマンを裁く資格のある人間がいるとすれば、その人間こそ他ならぬ君なのだ」と語っている。

ヒロシマとアウシュビッツという二つの無差別大量虐殺事件はともに国家権力に対して無抵抗であった従順で、臆病で、平凡な人間の陳腐な罪の積み重ねに過ぎない。人間の良心と倫理が立ち入ることのできないような、つまり立ち入り禁止状態（Off Limits）の中でいきているということである。今日の核時代というメカニズムの中にあって私たちに求められていることは、アイヒマン流の弁明ではなく、人の良心を持ったひとりの人間として、核に対していかに「いかなる然りもふくまぬ否」を叫び続ける勇気をもつか、ということであろう。

あとがき

私にとってヒロシマにおける被爆体験とユダヤ人虐殺事件は、私の人生を大きく転換させる事件だった。科学を目指していた私が一転して「一体人間とは何か」という問題と格闘せざるをえなくなったのは、この二つのホロコーストが源になっていたからである。

私はドイツやチェコに会議に行った時、多くの強制収容所をたずねた。特に印象ぶかく心に残っている収容所は、プラハからほど近いテレジィン強制収容所であろう（写真）。他の収容所と同じように入口には鉄製のARBEIT MACHT FREIという看板が掲げられていた。そこで数万人のユダヤ人が虐殺され、殺しきれないものは近くのアウシュビッツのガス室に運びこまれたという。親衛隊員の部屋、囚人の部屋、カイコ棚のベッド等は当時のそのままであるが、私が注目せざるを得なかったのは、広場に不気味に置かれている古びた絞首台だった。その時否応なしに私の心に浮かんだ姿は、読んだばかりのノーベル平和賞を受けたエリ・ヴィーゼル（Elie Wiesel, 1928～

次頁写真の二段目の左から七人目にヴィーゼル）の『夜』の一場面であった。それはヴィーゼル自身が目撃した事実であるが、数千人の囚人の目の前で一人のビーベルという少年が絞首された時のことである。少年は体重が軽いので三十分以上も吊るされていても中々死ねなかった。それを囚人たちは最後まで見続けなくてはならなかった。その時囚人の一人のひとが、「いったい神はどこにいるのだ」と叫んだ。それに対して「どこだって。ここにおられる。神は絞首台に吊るされておられる」という声がした。彼はその晩のスープに屍体の味がした、という。

私はその時の状況を実感したような戦慄を感じた。

私は丁度一九六一年アメリカに留学していた時、神学校で

あの有名なアウシュビッツを体験し、生き残った精神病理学者で『夜と霧』を書いたヴィクトール・エミール・フランクル（Viktor Emil Frankl, 1905〜1997）博士のロゴセラピーという特別講義を聞く機会を与えられた。強制収容所の中の囚人たちの絶望と希望の狭間で揺れ動く心理を分析される小柄で実に誠実そうな博士の講義に耳を傾ける機会をあたえられたことも、その後の私の研究に大きな指針を与えられたように思う。

私たちは、現代の核時代という大量虐殺時代を、意識すると否とにかかわりなく、私たち人類はむかえている。しかしその責任の所在さえも不明確であり、また複雑多岐な直接的、間接的関係性も判らない様な時代にあって、私たちはただ一本のネジや歯車として利用されている。もっとも私たちの命の深くかかわっている事柄に対しても、私たちは無関心であり、無気力であり、まさにアイヒマンのように従順な人間として生きているのではないだろうか。核時代とはそこに人間としての良心も倫理もオフ・リミッツ、つまり立ち入り禁止状態にされていることである。国家の利益と経済的利潤を追及する国家権力のメカニズムの中で、私たちは、一人の人間としての良心と倫理性を持った者として生きていきたいし、そのような市民的勇気を失ってはならない。

V　ユダヤ人のホロコーストとキリスト教の罪責

はじめに

誰でも第二次世界大戦のもっとも悲劇的な出来事として、アウシュビッツにおけるユダヤ人のホロコーストとヒロシマ、ナガサキにおける原爆による無差別大量虐殺があげられるでしょう。私はヒロシマにおいて被爆し、その残酷さについてはたびたび語って来ました。しかし被爆牧師として第二次世界大戦における最も悲劇的な事柄として、アウシュビッツにおける六〇〇万人に及ぶ虐殺の問題をどのように理解すべきであるか、十分に考えてこなかったことを反省せざるを得ません。

後述するように、ユダヤ人のホロコーストが深くキリスト教の罪責にかかわっていることを知った時、私はキリスト者として深くその無知を反省せずにはおれませんでした。この問題は後述するように、根源的には誰がイエスを十字架にかけたか、という問題と深くかかわっています。イエスの十字架はキリスト教におけるシンボルとして信じられてきました。パウロも「わたしはイエス・キリスト、しかも十字架につけられたキリスト以外のことは、あなたがたの間では何も知るまいと、決心した」（Ｉコリント2・2）と語っている最も大事な信仰と言ってよいでしょう。

ローマ責任論とユダヤ責任論

しかし、キリストを十字架にかけたという歴史的問題に対して、一体誰がイエスを十字架にかけたのかという問題について歴史的に二つの立場があります。

その一つは「ローマ責任論」と言われるものです。十字架刑そのものは、ローマの処刑の方法であり、それは政府反逆者や奴隷反乱に対する処刑の方法でした。ユダヤでは死刑は石打の刑しかありません。古来から使徒信条で「ポンテオ・ピラトの下に苦しみを受け」と告白してきました。ピラト総督はローマの権力者であったセイヤヌスの支援によって総督に推挙されていたのですが、彼はローマで失脚しており、ピラトは後ろ盾を失って、その地位は風前の灯のようなものでした。そのため、いまここでイエスの問題をめぐってユダヤ人の暴動がおきることは何としても避けな

ければならなかったのです。そのため、彼はこの紛争はユダヤ人の宗教的内紛に過ぎないということ、しかもイエスには何の罪もないことを知りながらも、「イエスを十字架につけよ」と狂い叫ぶユダヤ人の叫びに負けて、イエスを十字架にかけるために引き渡したのです。だから、その責任はピラトの非良心的な無責任の罪によるものだ、ということになり、古来ローマに責任があると主張されてきました。

もう一つの解釈は「ユダヤ人責任論」と言われているものです。聖書はピラトがイエスを赦そうとしたのに律法学者を非難し、ユダヤ教の律法を否定するイエスに対する憎悪のために「イエスを十字架につけよ」と狂い叫んだのであり、「その血の責任はわれわれと、われわれの子孫が負う」と叫びました。マタイもマルコ福音書も七〇〜八〇年ごろ書かれたものですが、当時はネロ皇帝の迫害時代後のウェスパシアヌス皇帝時代であり、ペテロもパウロもすでに殉教し、キリスト者はローマの地下のカタコンベに潜んで伝道していた時代でした。それ故、ローマの地で伝道するのにローマを敵にまわすようなことは書けなかったでしょう。しかしこの聖書の記録は、その後イエスを神の子と信じる教会において決定的に重要な証拠として採用され、結局、キリスト教会はユダヤ人にすべての責任があるという解釈をしました。

しかし「誰がイエスを十字架にかけたのか」と問われるならば、イエスを銀30枚で売ったユダ、また身の危険を感じてイエスから逃げて行った弟子たちにも大きな責任があります。また同時に「わたしたち一人一人」にもイエスの十字架の血については責任があるのです。

カール・バルト（前頁写真、Karl Barth, 1886～1968）はある本の中で「『私にはイエスの血の責任はない』という者は、イエスの十字架の恵み、つまり罪の許しの恵みから脱落した者である」と言っていますが、イエスはまさに「わたしたちに代わって」「わたしたちのために」罪の責任を負ってくださったという信仰がなければ、私たちは十字架の恵みにあずかることはできません。

あなたがその人だ

私は今、サムエル記下一二章の預言者ナタンとダビデの有名な話を思い起こしています。ナタンはダビデにこう言います。「富める人と貧しい羊飼いがいて、富める人の所に客が来た時、彼は自分の羊を殺して振る舞うことを惜しんで、貧しい羊飼いが自分の娘のように愛し、一緒に食事し、一緒に寝ていたただ一匹の子羊を盗んで、それを殺して振る舞った」と話した時、ダビデは烈火のように怒りに燃え、「そのような悪人は死罪だ」とさけびました。しかしナタンはそのダビデにたいして「あなたがその人なのだ」とダビデ王の罪を指摘しています。ダビデは自分が王様なので自分の罪に気づいていない、人ごとのようにしか感じていなかったのです。私たちキリスト者にも「あなたがその人だ」と指摘されるような罪に陥っていることはないでしょうか。

ユダヤ人迫害の歴史とキリスト教

私はこの聖句をよみながら、史上最悪の出来事であるユダヤ人の大量虐殺、ホロコーストのことを思い出しています。戦時中、ナチによってアウシュビッツ等の多くの強制収容所で六〇〇万人のユダヤ人が虐殺されました。理由はただ一つ、かれらがユダヤ人である、ということだけでした。私も以前から関心を持ち、ドイツやチェコに行った時、アウシュビッツ近郊のテレジンやリディツェ等の強制収容所を訪ねましたし、アウシュビッツの生き残りであり、有名な『夜と霧』を書かれたフランクル教授からはアメリカの神学校で直接集中講義を受けたこともあり、なぜあのような残虐行為がおこなわれたのか私にとって大きな疑問でした。特にヒロシマの原爆という大量虐殺を経験した者として、アウシュビッツとヒロシマとは、私の人生では避けて通れぬ問題だったのです。

私たちはホロコーストの話を聞いても、「ユダヤ人は本当に気の毒な民族だ」と同情はしますが、それは全く他人ごととして聞いていたのではないでしょうか。「あの責任はヒットラーであり、ナチのせいだ、彼らは死罪にあたいする」とドイツ人を責めることしか考えていませんでした。

しかし、私はドイツの教会の歴史を学んでいくうちに、ユダヤ人がユダヤ戦争においてローマに敗れて祖国を失い、約一九〇〇年間「呪われた民」として迫害され、差別され、最後には絶滅させられようとしたことは、まさにキリスト教会の反ユダヤ主義が深くかかわっていたことを認めざるをえませんでした。ユダヤ人はイエスを十字架に架けよと狂い叫んだ張本人として、ヨーロッパのキリスト教国では全く彼らを人間として受け入れることをしなかったからです。教会は彼らを差別し、迫害し、ゲットーに押し込め、職業は高利貸し以外のすべてを奪い、人権は全く無視し続けられて来ました。シェイクスピアの『ベニスの商人』のシャイロックのような、狡猾で、劣等な人種として差別されてきました。

まずカトリック教会がそうでした。中世の聖人で大神学者であるトマス・アクィナス（次頁写真上、Thomas Aquinas, 1225〜1274）は徹底した反ユダヤ主義者で、その影響は全カトリック教会に大きな影響を与えました。良い例として、戦時中、教皇ピウス一二世はナチがユダヤ人を虐殺していることを知っていましたが、教皇は知らないふりをして無視、黙殺してきました。何故沈黙していたのか、という問いが戦後多く出ました。結局、それは宗教を否定する共産主義が勢力を伸ばしていたこと、キリスト教ヨーロッパ文明の根本にある反ユダヤ主義が影響したこと、ピウス教皇自身の個人的性向としてドイツ文化への愛着があったこと、軍事力を持たない教皇の限界があったこと、等があげられています。そのことが当時の歴史文書であきらかになり、やっと二〇〇〇年にその事実を公に認めました。しかし、そこにはユダヤ人に対する謝罪が明確に表明されたか問題は残っています。

それではわたしたちプロテスタントはどうだったのでしょうか。

一言でいえば、カトリックよりももっと反ユダヤ主義的だったのです。宗教改革者のマルティン・ルター（次頁写真下、Martin Luther,1483〜1546）はドイツ人ですが、彼は最初はユダヤ人を改宗させようとして壊柔策をとりますが、それが不可能とわかると一転してユダヤ人迫害を開始します。そして『ユダヤ人と彼らの虚偽について』という著作を出し、ヒットラー政権顔負けの七つの提案を教会に広めていきます。

例えば、第一にユダヤ人のシナゴグや学校を破壊し、第二に家を破壊してゲットー（ghetto）に押し込めること、第三に彼らからすべての律法書や書籍を取りあげること、第四に祭司やラビの活動を禁止すること、第五に安全な外での歩行の保証を取りあげること、第六にはユダヤ人に高利貸しを禁じ、すべての金銀財宝をとりあげ、他の場所に保管すること等を書いています。却ってそのことによって、ユダヤ人は一致団結し、ゲットーにおいて宗教的伝統を妨害されることなく維持できた、といわれています。ドイツのプロテスタントはほとんどルター派の教会ですし、今日では信教の自由は認められて、自由教会もありますが、カトリック教

会を含め、ほとんどは「州教会」として州が教会税によって会堂や牧師の生活を支え、また、教会は社会の福祉、学校、病院、ホスピス、介護施設等社会活動に奉仕する義務が求められてきました。しかしルターの教えは、時代は後世にまで深い影響を与えました。それはニュールンベルグの国際軍事裁判でも明らかにされました。反ユダヤ機関紙の責任者で死刑になったシュトライヒャー（Julius Streicher, 1885～1946）の尋問の時、彼はこう言いました。

「もしマルティン・ルター博士が生きていたら、必ず今日私に変わってこの被告席に立っているでしょう。私はルターの教えに従ったに過ぎません」と。

ドイツ人は日本人以上に戦争責任に敏感であると言われて来ました。最初は終戦の年一九四五年に、Uボートの艦長として活躍しながら、ナチに対して反対したため八年間ダハウの強制収容所に収容されていて出獄したばかりのニーメラー（写真 Friedrich Gustav Emil Martin Niemöller, 1892～1984）等によって「シュトゥットガルト罪責告白」（一九四五年一〇月一九日）が発表され、ドイツのキリスト者のほとんどが所謂ドイツ的キリスト者として戦争の犯罪を犯したことに対して強く懺悔《ざんげ》を求めました。

「大いなる痛みを持って我々は言う。われわれによって大いなる苦しみが多くの諸国民、諸国家の上にもたらせられた。……しかし、我々は自らを告発する。我々はもっと大胆に告白せず、もっと真実に祈らず、もっと喜ばしく信ぜず、もっと熱く愛する事をしなかった。今や、我々の教会の中に新しい出発が始められなくてはならない。」

「私の罪、私の大きな罪！　罪！」と。

これは他人を攻撃するための告白ではなく、全く彼自身の全人格的をかけた罪責告白だった。そしてドイツの教会は「ドイツ福音主義教会」として発足させ、ナチに抵抗した人々をその指導部に選び、ナチに協力した人々を責任ある地位から追放していきました。そしてナチズムに対して最初に神学的抵抗運動を始めたカール・バルトの生命を賭けて宣言された『バルメン宣言』(Barmer Theologische Erklärung) をすべての教会がその信仰と神学の尺度としなくてはならないことを明記しました。そしてさらに「シュトゥットガルト罪責宣言」(Stuttgarter Schulderklärung) を深化させるために、一九四七年には、「ダルムシュタット罪責告白」(Darmstädter Wort)、さらに一九五八年フランクフルト罪責告白」(Frankfurter Wort)と深化され継承されていきました。しかし、残念ながら、ユダヤ人への罪責には直接触れていませんでした。彼らはユダヤ人問題はいつも心の中で意識してきたにも拘わらず、ユダヤ人問題を直接名指しで問題にすることは自分の身を切るようなつらい事柄でもあったのです。

ラインランド州教会総会の罪責告白

キリスト教会では、ユダヤ人の迫害に対する明確な謝罪は話されないで来ました。しかしユダヤ人の歴史を考える時、ユダヤ人問題抜きにキリスト教の罪責を考えることはできないことが明らかになってきました。そして一九八四年にラインランド州教会総会において、遂にユダヤ人のホロコーストに対してわれわれキリスト教会にもナチと同様に罪責があることを告白したのです。

それは「キリスト者とユダヤ人の関係の更新のために」と題して発表され、そして「われわれドイツのキリスト教会がホロコースト、権利剥奪、迫害および虐殺にたいして共同の責任と罪責

を有することを、痛みを持って告白する」と宣言しました。つまりナチの反ユダヤ主義の温床は長い間キリスト教会が育ててきたものなのです。ある学者は「ヒットラーはダイナマイトだった。しかし、導火線としてそれに火をつけたのはキリスト教である」と。

私はこの事実を知った時、牧師の立場にある者として愕然としました。日本人は直接ユダヤ人問題を抱えていなかったので、ユダヤ人のホロコーストを他人事のようにみていた自分の無知と愚かさを深く反省しました。

丁度、ナタンがダビデにたいして「あなたがその人だ」と告げられた時のようなショックであり、痛みでした。何故キリスト教は二〇〇〇年にもわたって、ユダヤ人だけがイエスを十字架にかけた責任者として迫害し、虐殺し、さらに抹殺さえしようとしたのか、何故その過ちに気ずかなかったのか、こころから反省しなくてはなりません。もちろんユダヤ人の迫害は宗教的人種的問題のみに関係しているとは言えません。それはユダヤ人の世界的な連絡網を持つ経済的力や政治的力に対する恐怖もあったでしょう。

ルカ福音書二三章三四節によると、イエスは十字架に架けられた時、「父よ、かれらを赦したまえ。かれらは何をしいてるのかわからないでいるのです」と祈られた、と記されています。イエスが「かれらを」赦したまえといわれた時、ローマの兵士も、「イエスを殺せ」と狂い叫んでいるユダヤ人も、主を見捨てた弟子たちも、そしてすべての人々がこのイエスの十字架上の赦しの祈りの中にふくまれていた筈です。そのような無知で愚かな私たち一人一人の罪びとのためにこそ、イエスは十字架に架けられたということを、あらためて思い起こしたいと思います。

ドイツ国家としての罪責とヴァイツゼッカー大統領の講演

最後にドイツの大統領であるヴァイツゼッカー（次頁写真、Richard Karl Freiherr von Weizsäcker, 1920〜）、一九八五年五月八日の敗戦四〇周年記念大会で講演した有名な言葉の意味を考えたいと思います。

ヴァイツゼッカーはドイツの大統領に就任するまで、「ドイツ福音主義教会大会」、所謂キルヘンタークと呼ばれる西ドイツ信徒平和運動の、三人から成る信徒の議長団の一人として活躍していました。私自身、一九八五年に被爆キリスト者の代表として、そのキルヘンタークに参加して、一か月西ドイツで被爆証言や平和集会に参加していただけに、彼の講演に強い関心を持たずにはおれません。彼は福音主義教会の信徒として、先程述べた『バルメン宣言』や『シュツットガルト罪責告白』も、前年に出されたラインランド州の教会総会のユダヤ人に対する罪責告白も充分に知っており、当然その前提と精神の上にたって講演している事は明瞭でしょう。

彼は次のようにいっています。

「『罪があるものもないものも、老若男女を問わず、我々すべてが過去に責任を負っている。人は自分に罪がないことにも責任を取ることが出来る。例えば、私の自動車を他人が運転していて事故を起こしても、私が賠償責任を負わなくてはならないのだ。一般民衆に罪がある、もしくは無実である、ということはあり得ません。罪と言い、無実と言いそれは集団的なものではなく、個人的なものです。』『人々の想像力はユダヤ人絶滅の方法や規模は思いも及ばなかったかも知れません。しかし現実には、犯罪そのものに加えて、余りにも多くの人たちは知らないでおこうと努めてきたのです。私の世代も例外ではありません。良心を麻痺させ、自分の権限外だとし、目をそむけ、沈黙しました。筆舌に尽くし難いホロコーストの全貌が明らかにされても、一切何も知らなかった、気配も感じなかった、と言い張った人は余りにも多かったのです。

今日の人口の大部分はあの当時子供だったか、まだ生まれていなかったかもしれません。この人たちは自分が手を下していない行為に対して自らの行為に対して罪を告白することはできません。しかし先人は彼らに容易ならざる遺産を残したのです。罪の有無、老若何れを問わず、我々は過去を引きうけなくてはならないのです。心に刻みつけるということが何故かくも重要であるかは、全員が過去に関っており、過去に責任を負わされているからです。……過去を克服することも、過去を変えたり、なかったことにすることはできません。しかし過去に目を閉ざす者は結局のところ、現在にも盲目となります。非人道的な行為を心に刻もうとしない者は、またそうした危険に陥りやすいのです。』」

この『荒野の40年』と題された講演に対しては賛辞と共に厳しい批判もありました。事実戦後元ナチ党員やナチ協力者が数百万人政府に復帰しています。「ユダヤ人虐殺」の罪を『集団の罪』と『個人の罪』に区分したことも問題になりました。それはドイツを擁護するものであり、ドイツ人全体を擁護しようとする欺瞞的なのである、という批判です。しかし確かにドイツはナチに協力した罪は大きく、その道義的責任はすべての人たちドイツ人が負わなくてはなりません。しかしナチ党員として直接犯罪に手を染めた人たちとは区別されなくてはなりません。集団的責任と個人的罪とは表裏一体のものですが、やはり区別されなくてはならないでしょう。ヤスパースもハンナ・アーレントもヴァイツゼッカーも同一線上で、その責任の所在を明かにしています。

この問題は日本の戦争責任においても同様です。日本人は果たして中国や韓国で犯した非人道的な犯罪に対して、どの程度真剣に自分の問題として考えているでしょうか。政府は歴史認識は国によっていろいろあって当然とばかり、過去の犯罪に目を閉じようとしています。ドイツでは、ユダヤ人への犯罪を心から謝罪し、ドイツ財務省の最近の発表によると、すでに一〇兆五、〇〇〇億円以上を支出していますが、東西対立のため「国家賠償」はおこなっていません。その賠償金のほとんどは『人道にたいする罪』としてユダヤ人への賠償金として使用されています。日本とドイツは事情が異なるので一概に比較はできませんが、日本は経済援助の名のもとに

六、〇〇〇億円支出しているにすぎませんし、政府は『村山談話』、『河野談話』も無視するような歴史認識を持っています。この様な日本人の外交的姿勢は、侵略や植民地支配に対する反省のないものとして、日本はやがて信頼を失い、アジアのみでなく、国際的にも孤立していくことはあきらかでしょう。私たちの中国での虐殺行為も、韓国の植民地支配の時代の強制連行や従軍慰安婦問題も、すべてそれは軍国主義という集団的責任であって、それに直接関与した個人に対して、個人の罪として厳しく追及しようとしない日本人の無責任さを示していると言わなくてはなりません。私たち個人では数百万の死者への罪を贖うことは不可能です。それ故、過去の事実をしっかりと心に刻んで、同じ過ちを操り返さない様に努力したいものです。「過去に目を閉ざす者は結局のところ、現在にも盲目となる」とヴァイゼッカーが言ったように、キリスト者も従軍慰安婦問題や強制連行等の人道に対する罪をしっかりみつめて、どのようにしたら彼らの苦悩と怒りをつぐなうことが出来るか、もっと真剣に受け止め、心に刻み、心から謝罪し、知恵を働かせて賠償して行かなくてはならないと思います。

Ⅵ　光の天使を偽装する悪霊

（平和聖日説教）

私の被爆体験

八月六日の原爆の当日、私は爆心地より一・三キロの至近距離にあった実家の二階で被爆しました。そして家屋の倒壊によって重傷を受けました。

当時私は現広島大の一年生で、一八歳でした。聞き慣れていたB29の爆音を耳にして二階に上がり、窓から真っ青に晴れ渡った空の中を音もなく瀬戸内海の南の方向に飛んでいくエノラ・ゲイを眺めていました。別に恐怖も不安もありませんでした。というのも連日B29が飛来して偵察をしていたからです。

彼らは入念に原爆投下の準備や訓練をしていたのです。しかし一抹の不安もありました。既にアメリカの本土空襲は連日のように行われ、東京の大空襲や名古屋、大阪の大空襲も三月には行われ、すでに一〇〇回以上の空襲が行われ、死傷者は一〇〇万人以上に及ぶと言われていたからです。それ故、軍都である広島を一度も爆撃しないことに不安が無いと言えばうそになります。

併し私はいつものように二階に上がり、上空の爆撃機を眺めていました。そこには青空をキラキラ輝きながら飛行しているエノラ・ゲイが南の空に向って滑るようにとんでいました。やがてエノラ・ゲイが見えなくなったので窓から首をひっこめた瞬間、私は青白い閃光の渦の中に巻き込まれました。その瞬間は一・三キロ地点は恐らく約五〇〇〇度近い高熱に晒《さら》され、屋外にいたひとは全身大火傷をし、コンクリートの建物を除き、木造の家屋は倒壊し、あちこちから出火し、たちまち大火災になりました。

幸い私は窓から首をひっこめた瞬間だったため、顔を焼かれることは免れました。あの時、もし空襲警報か警戒警報が出されていたなら、多くの市民は助かったことでしょう。当日朝七時ころ、前日の佐賀地方が空襲が終わった直後だったので軍部は広島飛来のB29を見逃し、警報を解除したので市民はほっとして屋外で仕事や運動や出勤をはじめた時だったのです。

その直後、五五〇メートル上空で炸裂した原爆の爆圧力が全市を覆い、ほとんどの家屋は倒壊しました。風速二五〇メートルと言われていますが、私の家も全壊し、私はその下敷きにあって全身に重傷をうけました。気がついた時は無意識のうちに倒壊していた家から這い出していました。その時、母が私の名を叫んでいたのを聞いてわれにかえり、あたりは瓦礫《がれき》や電線で無茶苦茶になっている道を通って、近くの赤十字病院の庭に飛び込んでいきました。直撃弾にやられたと思ったので、日赤にいけばすぐ治療してくれると考えたのです。しかし日赤では既に体中焼けただれた、男か女なのかもわからないような被爆者でごった返していました。私はまた意識不明になり、夕方まで日赤の庭に倒れていました。一・三キロの地点は三、〇〇〇ミリ・シーベルトの放射能を受けていると公表されていますが、さらに一日中、日赤の庭に倒れていたので死の灰や残留放射能によって、少なくともそれ以上の放射能を浴びていたにちがいありません。もちろん、屋外にいたか屋内にいたかで、線量は全く違うと思いますが、正確なことは軍事秘密としてABCC（Atomic Bomb Casualty Commission 原爆傷害調査委員会）は公表しなかったので誰もわかりません。

その後私は似の島に運ばれ、一万五千人の被曝者とともにこの世の地獄のような経験をつみました。死者五、〇〇〇人とも言われていますが、喜怒哀楽の人間性を失ったアパテイア（人間性喪失症）の状態で、九死に一生を得ることが出来ました。そして一週間後、疎開地庄原に逃げ帰り、庄原の日赤で治療をしてもらいましたが、医師からは白血球八〇〇（健康な人の10分の1）の急性白血病であると宣告されました。今日なら無菌室に入れられるほど危険な病気なのですが、当時は誰も原爆症について知識を持っている者はいませんでした。二年ばかりの外傷を中心にした療養中、黒い斑点やいわゆる原爆ぶらぶら病と言われる極度の倦怠感と疲労感に悩まされ続けました。

精神的肉体的苦悩の中で

敗戦の中で、軍国少年であった私は生きる心の支えを失い、精神的にも肉体的にもどん底に突き落とされ、その中で自分の生の意味は何か、生きている目標は何かを問いつづけました。幸い私の叔父は倉田百三《くらたひゃくぞう》（1891～1943）という有名な宗教文学者だったこともあり、私は親鸞やキリストのことを学ぶようになりました。当時実存哲学もはやり、様々の思想的な遍歴を通して結局キリストの教えこそ、私の生きるべき道であると確信するようになりました。そこで当時鷹野橋にあったジュラルミンの広島教会に通い、結局四竈牧師の勧めもあって、広島大学を中退して東京神学大学に入り、牧師になる道をえらびとりました。終戦直後の苦しい時でもあり、早く卒業して就職して欲しいと思っていたかもしれませんが、京都の一灯園《いっとうえん》で修業し、托鉢もしたことのある熱心な仏教徒である両親は、よろこんで私を神学校に送ってくれたことは本当に感謝です。

神学校の修士論文のテーマは『パウロにおける罪の理解』でした。私にとって原爆と戦争の体験から人間の罪の問題が頭から離れなかったのだと思います。

次々と日中戦争や世界大戦の悲惨で残酷な行為が明るみにでてきました。森村誠一の『悪魔の飽食』や『三光作戦』七三一部隊、や南京大虐殺、バターン死の行進等々、日本軍は中国人に対する多くの虐殺で一二〇〇万人を犠牲にしたこと、またヨーロッパではナチによるユダヤ人の大量虐殺記録、たとえばフランクルの『夜と霧』というアウシュビッツの数百万人のチクロンBによるガス室での虐殺など、次々と暴露されてきました。「なぜ人間はここまで無差別大量虐殺をするような悪魔的な人間になりうるのか」というテーマは私にとって最も大きな問題でした。

たとえばアウシュビッツ所長のアイヒマンはその一例でした。かれは敗戦直後ドイツから逃亡しました。しかしユダヤ人は彼は自首したり自殺したりするような勇気のある人間ではないと確信していました。事実彼はアルゼンチンにのがれているのを発見され、エルサレムで裁判を受けることになりました。世界中の人間の目が裁判の行方に注目し、皆あのようなことをする人間は血も涙もない悪魔のように恐ろしい精神的に異常な人間であることが明らかにされることを期待しつつ見守っていました。しかし裁判の結果は全く人々の期待を裏切るものでした。彼はどこにでもいるごく平凡なやさしいパパであり、夫であり、気弱で臆病な人でした。虫も殺せない程の臆病な人であったので、彼がナチの綱領であり、大義名分に洗脳されてから人間が豹変し、人間の命を虫けらのように殺すことが出来るようになったのです。その大義名分とはアーリア民族、すなわちドイツ民族の血の純粋性を守ること、世界を滅ぼすユダヤ人を絶滅させること、そして共産主義（マルクスはユダヤ人）と戦うこと等でした。そのような思想に洗脳された彼は人間が全く豹変してしまったのです。

「かれがごく平凡な人間であったので、私たちを恐怖に落とし入れた」とハンナ・アーレント（Hannah Arendt, 1906～1975）の『エルサレムのアイヒマン』という裁判記録に記されています。これはまた、あの大東亜戦争における日本の軍人たちの残虐行為にもそのまま当てはまる事柄ではないでしょうか。

私がまだ小学生の時、歳の離れた従兄が私に戦争の自慢話をしたことを今でも鮮明に覚えています。彼は多くの中国人の捕虜を銃剣で刺し殺したとき、「人を殺すのは大したことじゃないよ。豆腐を突き刺すようなものだよ」と言っていました。丁度南京攻略の時期に当たるので、彼も南京大虐殺に関係していたに相違ありません。それを聞いた時のショックは今でも心に残っています。やさしいお兄さんとばかり思っていた彼が戦争になると全く人間が変わってしまうということをはっきりと知りました。

R・ニーバーは「愛国心とは一方では自分を隣人や国家のために捧げる愛他的行為であり、崇高な自己犠牲の精神と結び付くものであるが、他方、自分を国家のために投入することによって、個人の力では果たし得ないエゴイズムを満たそうとするものである」と、言っています。愛国心とは国家的利益という大義名分の中でエゴイズムを実現するはけ口になるのです。

ゲラサ人の狂人

聖書にも全く同じような物語があります。有名なゲラサ人の狂人の話しです。

イエスは伝道の途中ゲラサ人の地で一人の精神障がい者と出会われました。彼は鉄のくさりを引きちぎり、鉄の足かせを踏み砕くほどの凶暴な人で、大声で叫び続けていたというのです。イエスは彼に同情され、悪霊に取りつかれている彼を救いだし、悪霊を二〇〇〇頭の豚の中に追い込まれましたが、豚は海に飛び込んで全部死んだ、というおもしろい話です。ここでいわれていることは、悪霊は理性という鉄のくさりをも引きちぎり、道徳という鉄の足かせをも踏み砕く力を持つものであるが、イエスはそのような悪霊に勝利し、追放される権威ある方であるということを示しているという話なのです。

聖書には度々悪霊、悪鬼、悪魔の話しが出てきますが、皆さんはそんなものは昔の民間信仰であり、オカルト的なたとえ話として軽視してはいないでしょうか。

悪魔のささやき

カトリックの作家で加賀乙彦氏の作品に『悪魔のささやき』があります。加賀氏は犯罪心理学の学者で精神科医でもありますが、刑務所や拘置所で死刑囚や重犯罪人の精神鑑定書を作成されていました。その中で次のようなことを記しておられます。

「当局からは一体いつ殺意を決意し、実行をしたかを決定するように要求される。その時間を書かないと鑑定書にはならないのです。でも、これが非常にむずかしい。決意の瞬間なんてものは実にあいまいで、たいていは殺した本人でさえわからない。発作的な殺人もあるけれど、いずれにせよ犯行に至るまで様々な心理的葛藤や躊躇《ちゅうちょ》があり、複雑微妙に揺れ動きます。最後まで明確な殺意のない場合もあります。その瞬間を特定できる筈がない。だからしょうがないから私は『何何とおもわれる』と推測を書くわけです。要するに悪魔に背をおされたような感じ、いわゆる『魔《ま》がさした』、としか表現出来ないのです」。

殺意があったか、なかったかは、法廷で死刑になるか、無期懲役になるかの決定的な事柄なのですが、しかし自分でもよくわからないケースが多いのです。そこで加賀氏は神父に「本当に悪霊がいるのか」とたずねたところ、カトリックでは「神は天使は造られなかったが、悪霊は人間の信仰を試みるために創られた」と言われたそうです。事実、バチカンでは公認のエキソシスト（悪鬼追放者）とよばれる神父が全世界に数百人いるとのことです。

パウロも「欲する善はこれをしないで、欲していない悪はこれをおこなっている。ああ、なやめる人なるかな。一体この死のからだを誰がすくってくださるのだろうか」（ローマ七・一九〜二四参照）と嘆いていますが、彼も自分の意志を超越したデモーニッシュなものが自分の心の中にあることを感じていたに相違ないでしょう。それは原罪としか言えない様な何者かです。それは十数万年前の人類の祖先以来蓄積されてきた人間の「本能」そのものと言えるかも知れません。

加賀氏が『悪魔のささやき』という本を書かれた一番大事な目的は、あの日中戦争や大東亜戦争において、日本人がなぜ、あんな凶暴で無差別な虐殺を平気で行ったのか、その日本人の精神的な構造を明らかにするためでした。

本来国際連盟によって所謂『国際人道法』なるものが制定され、ジュネーブ条約（Geneva Conventions）やハーグ陸戦条約（Convention respecting the Laws and Customs of War on Land）等によって、たとえ戦争であっても倫理や人道に反する行動をとってはならないことが厳しく規定されています。非戦闘員や捕虜を殺害したり、虐待したりすることも禁じられています。しかし一度戦争になればこの様な規定は紙くず同然に無視され、廃棄されてしまうのが実情です。むしろ戦争が始まれば『大義名分』なるものがかかげられ、その大義のために死ぬことは名誉なこととして宣伝されます。そして愛国心やナショナリズムが横行し、国民はマスコミや教育によって完全に洗脳され、マインドコントロールされてしまうのです。その時、まさに悪霊や悪魔が人々の心の中で活躍しはじめるのです。

パウロはコリントの第二の手紙のなかで次のように言っています。

「驚くには及ばない。サタンも光の天使に偽装するのだから。だから、たとえサタンの手下どもが、義の奉仕者のように擬装したとしても、不思議ではない」（一一・一四）と。

義の奉仕者とは文字通り「大義名分」の奉仕者だということです。日本は一体いつ頃から悪霊にそそのかされて大義名分を掲げるようになったのでしょうか。そのことの歴史的反省なしに、私たちは今日の平和を語ることはできませんし、何故原爆が投下されたのかの歴史的背景を理解することもできません。

日本があの大戦に突入して行ったのは一九〇六年の日露戦争の勝利にはじまります。世界の大国ロシアに大勝利したということは、極東の小さな、資源もない小国日本の意識を大きく変えてしまいました。それ以来日本は大英帝国にあやかって「大日本帝国」とみずから呼称し、帝国大學がつくられ、帝国主義政策を次々に決定して行きます。そして大和魂という名の愛国心が植え付けられてきます。そして五年後の一九一一年には朝鮮合併を行い、さらに一九三二年には帝政ロシア軍の満州からの撤退を期に、中国東北部の満州を獲得して満州国という傀儡《かいらい》政権（ある領域を統治する政権が、名目上には独立しているが、実態では事実上の支配者である外部の政権・国家によって管理・統制・指揮されている政権を指す。）を樹立してしまいます。しかし国際連盟は反対したため、日本は国際連盟を脱退し、世界から孤立した道を歩むようになります。

日本政府は戦場の不拡大を考えていましたが、天皇の統帥権を持つ軍部は政府の弱腰にたいしてさらに戦火の拡大をはかり、一九三七年盧溝橋《ろこうきょう》事件を発端にして日支事変を起こし、中国奥深くまで侵攻していきます。そして南京大虐殺や重慶無差別空襲等、様々な非人道的な行為を繰り返しました。しかし加賀氏は「最も悪霊が活躍したのは一九四〇年である」としています。この年、日本は日独伊三国同盟を樹立し、紀元二六〇〇年の大祭典を全国に繰り広げました。天皇は現人神《あらひとがみ》であり、日本国は神の国であるということを国民の骨の髄まで叩きこんでいったのです。マスコミも同調するだけでなく、先頭に立って推進して行きました。その時の大義名分は「大東亜共栄圏」ということでした。ヨーロッパはドイツが新しい秩序を形成し、日本は東洋における欧米の支配を脱却して、天皇を頂点とする神の国である日本を中心にした新しいアジアの秩序を形成しようと考えたのです。その熱気は日本を完全に飲み込み、反対することはほとんど不可能でした。悪霊に魅せられたあのゲラサ人の狂人と全く同じ状態になってしまいました。

それだけでなく、唯一反対しなくてはならなかったキリスト者もこれに同調し、日本基督教団を樹立、政府や軍部の言うままに盲従していきました。教会ではこの戦いを聖戦とし、協力し、勝利を祈り、礼拝のまえには宮城遥拝し、神社参拝を強要しました。富田 満統理は朝鮮にまでいき、天皇は神であり、神社参拝は宗教ではなく国民儀礼であると主張、それに反対する二千人の韓国人は逮捕され、五十人の牧師は獄中で殺されてしまいました。そのような悪魔的な大罪をおかしながら、戦後教会はアメリカの支援を受けてキリスト教ブームと呼ばれる時代をすごしました。教団の首脳たちは自分たちの犯した罪にたいして厳しく反省することも全くありませんでした。そしてやっと戦後二二年たって始めて『第二次世界大戦における教団の戦争責任の告白』を鈴木正久議長の名によって発表したのです。ここで議長は教団はキリスト者としての良心的判断によって、あの戦争や祖国の歩みに反対しなかったこと、そして多くのアジアの同胞に罪を犯したこと、そして地の塩、世の光としてのキリスト者の見張りの使命をおろそかにした罪を神に懺悔し、隣人の許しを乞うたのです。

義に過ぎてはならない

私たち現代人は核時代に生きています。核時代では、あるいは地域紛争のようなものはあっても、もはや戦争を正当化しうるいかなる大義名分も存在しないことを確認しなくてはなりません。

旧約聖書の伝道の書の中に、「あなたは義に過ぎてはならない。また賢きに過ぎてはならない」（七・一六）という言葉がありますが、私たちが正義を叫び、大義名分を主張する時には必ずそこに天使を装った悪魔が潜んでいることに気ずかなくてはなりません。カール・バルトは「国家が愛を要求し始める場合には、不正な国家になろうとしているのが常である。正しい国家が必要としているのは愛ではなく、むしろ断固として責任を負う非陶酔的（ニュヒテルン）な行為である」と言っていますが、私たちは信仰によって目覚めた、非陶酔の目と心を持って国家に対して見張りの役目を果たさなくてはなりません。

日本は、ＧＤＰ世界第三位という経済大国であるというようなことを誇るのではなく、世界の唯一の被爆国として、また戦争放棄を宣言した平和憲法を持つ国として、世界から尊敬され、信頼される平和を創り出す国になることこそ、私たち罪責を担うキリスト者の歩むべき道であると信じます。

ignore the sufferings or murder of people in other countries. To suppress such ideas and to resist such philosophy are the movements for the eradication of nuclear weapons. It is not as simple as getting rid of nuclear bombs. Nuclear weapons exist in the human mind. This desire to survive by killing others and this thinking of those in power are the error of humans. The error is egoism and greed in the mind of those who use the A-bombs. In the Bible, the Letter to Philippians says "Their God is the belly". "Belly" is the same as "greed" in Greek. The important aspect of "not repeating error" is eradicating greed, egoism, animosity, and desire for national security even by killing others, or desire for happiness on sacrifice of others…… I wish you all to contemplate the importance of getting rid of such thinking and thought. "The evil shall not be repeated" means to beware egoism and greed in the human mind, and support politics where these sins are not repeated.

We never say "Remember Hiroshima". We say "No More Hiroshima, No More Hibakusha". We say that the Evil will not be repeated. We are not reproaching or hating. We are not declaring the war. We say "No More" so that other people would not encounter nor experience what we went through.

Peace, for the Evil Will Not Be Repeated". What is "Evil" by the way? I think that the Evil is not a simple mistake. Indeed the mistakes were made in the national policy, and it is a grave sin. The wrong national policy triggered the war. The military must have made strategic mistakes, too. However, it is not such a simple mistake. It is more serious. It is a sin against God. and human leings. We may call it "evil". It was Japan which caused nuclear weapons to be created. It was Japan which caused the bomb to be dropped. It was Japan invaded Asia. Therefore, Japan's militarism is to be held there. Not to repeat such errors, such a big sin, is the primary meaning of the message. The evil of militarism, the evil of waging such a war…… such an evil shall not be repeated. We state it clearly in Article 9 of the Japanese Constitution. Besides that fact, the United States indeed created nuclear weapons during that war. The U.S. created such a horrible weapons of indiscriminate mass destruction. That is the evil that committed by humankind. Nuclear weapons are not mere bombs. Opposing all aspects of nuclear weapons as a whole have a deep meaning than just opposing the making of nuclear weapons and bombs. As Mr. Akiba, the ex Mayor of Hiroshima, said some time ago, it was the idea of spending trillion of money to create weapons to kill people when the billions of people were suffering by strife and hunger. The idea of selfishness is laid at the base of nuclear weapon. This is the idea to confront issues that so long as our safety, prosperity and affluence are secured, we of two sins, encountering Jesus, seriously looking into the human mind and sin, and reconciliation will God, and the true peace that was not possible without peace with God. I also learned that peace with God was not possible unless those given the peace of mind knew what they should do for peace and reconciliation in this world, and I have lived my life based on those issues as the starting point of my life. After serving as a chaplain at Kinjo Church, Asagaya Higashi Church, I went home to Fuchu Church in Hiroshima. I was there from around 1976 to 2002. I was in charge of a kindergarten. l thought education of the mind in childhood was very important. There is a phrase in the Charter of UNESCO that says one must build a fortress of peace in one's mind because war begins in the mind. I have been engaged in young children's education trying to teach the importance of peace and the preciousness of life to them, and to nurture a mind which understands and feels other people's pain.

I am now 86 years old, and fortunately, I am quite well. Currently, I am the representative of Hiroshima Religionists Group for Preserving the Article 9 of the Japanese Constitution, and the permanent director of the Japan Religionists Council for Peace. Working together with members of various religions, I strive daily to promote peace and Anti-wuclear energy movement every day. Our starting point is always the inscription of the Cenotaph for A-bomb Victims. "Please Rest in on existentialism such as those by Kierkegaard and others. Second-hand books stores where I bought books began to appear amidst the ruins of Hiroshima. There, I came to learn about the Bible for the first time, and that is how I met Jesus. My eyes were opened to the world of religion beyond morality. It was not a matter of evil nor good. I was compelled to think of the true sin of humans through my experience of the A-bomb. I felt I could not support myself unless I lived a life beyond what I had been through. Then I was baptized and began to attend Hiroshima Church. I resolved to become a pastor and attended Tokyo Union Theological Seminary. My graduation thesis was entitled “Understanding the Sins in Paulo”. I could not depart from the issue of sin. I think my experience of the A-bomb influenced me deeply regarding this issue. With a recommendation from the President of the Seminary. Dr. Hidenobu Kuwata. I went to study at a school of theology in the United States. where I wrote my master’s thesis “Church and State in Kari Barth”. I had to ask the question of what responsibility Christians held toward the church, what responsibility the church held toward the state, the society and the politics. I studied the German Church Struggle, particularly about Barth, Bonhoeffer and other who fought Nazism. During the Recond world war time, Christian churches in Japan did absolutely nothing. That is why I came to have the awareness of the issue. Led by Karl Bausth, I took up the subject, which became my life-long challenge. In the US I confronted the issue finally reached a place called Shoubara our family place of refuge. There were my grandmother and elder brother. He was a student at Waseda University, but he was on leave of absence because of tuberculosis. If he had been healthy, he would have been sent to the South and killed in the war. Anyway, he died shortly after the end of the war.

I finally managed to arrive in Shoubara, and the following day was August 15th. I heard the Emperor's address regarding the end of the war from the radio. To be flank, I was really relieved. I felt we had finally been liberated. I cannot forget how I thought I would be able to sleep soundly at night. However, my ill health continued. I went to the Red Cross Hospital in Shoubara to have my leucocytes counted. The count was 800, 1/10th of that of a healthy person. The usual count is between 6,000 and 8,000. This means that my resistance was 1/10. If I catch a cold, I would developed pneumonia and died. But I somehow managed to survive, perhaps due to the will of God.

This was the starting point of my life, and I had to keep asking why I was allowed to live. The years after the war were such an age. Although I majored in applied chemistry, tit suppred little to my mind. My country perished, and I had no patriotic sentiments. As I continued asking why I was allowed to live, I came upon books by Hyakuzo Kurata who is my uncle. I devoured books to. About one-three of the people died because of radioactive rays, even though they had no external injuries. The rays must have destroyed the chromosomes and genes. So A-bomb victims are eternally uneasy because they do not know what kind of diseases they may eventually develop.

Everybody is frightened; when will I develop caner? What disease will I get? So-called PTSD patients gradually get better, but not the A-bomb victims. You must understand that there is this sort of suffering. I, for instance, constantly wonder if diseases of the internal organs are attributable to the A-bomb. As for myself, if my wife were from Hiroshima, there may have been some kinds of after-effects. Luckily, I married a girl from Nagoya when I was pastor at Kinjo Church in Nagoya. Thus, we are not the couple of A-bomb victims, and none of our children was affected. But our first child, the eldest son, died of an illness when he was 18 months. I often think it could have been due to the A-bomb. But nothing is certain. Please remember that I am persistently in fear of that nature.

A week later in Ninoshima, I heard that the Soviet Union declared war on Japan and a special type of bomb was dropped in Nagasaki. I felt no need to stay there any longer, and went home by boat by going across Hiroshima City. There was nothing in Hiroshima but rubbles. I looked into an air raid shelter and saw everything was scorched black. I joy, anger, pity nor pleasure. It is called "apathy" or the loss of human nature. When one is in a such a state, he or she becomes insolent and regards other people as just another piece of waste. Under such unbearable condition, unless one assumes such an attitude of apathy, one simply cannot bear it. If one felt sympathy or sadness, one would die or become useless. That is why the instinct of self preservation is activated. Unless one becomes senseless, feeling-less and becomes void of human emotion, one falls into a state where one cannot address the situation properly. This, I think, is what may be described as hell. This "apathy" or the loss of human nature is described in the records of Viet Nam War veterans and Korean War returnees. It is called PTSD or Post Traumatic Stress Disorder and it means injury of the mind. Nothing can be done about it. In the case of A-bomb victims, they suffered PTSD as well as external injuries as they had been exposed to radioactive rays. Burns heal, albeit gradually. My hands are now much better. Burns on the face heal by skin grafting. But psychological injuries and injuries caused by radioactive rays are not visible. The real tragedy, sufferings and injury of victims' mind are not visible, even though people may understand how horrible the experience of A-bomb exposure was when they hear about it. Ill-nesses, after-effects, or radioactive exposures differ from one individual to another. I was lying all day long near the Red Cross Hospital, which was only 1.3 km from the center of explosion. I have no idea how many radioactive rays I had been exposed

There was a stretch of potato fields about 100 meters away, which I didn't notice at first. I heard that many holes were dug to bury 60 to 70 dead bodies. Tens of holes were filled with dead bodies, but there were not enough. What they did next was to bury the bodies in several air raid shelters on the hill. It was about 20 meter in depth. The bodies were swollen and flabby, and medical orderlies carrying those bodies were practically boys having come from various islands in the area. Although people helped the orderlies, it was a horrendous job. Stench and gas were horrible. When people die, their stomach becomes swollen and generates gas, the smell of which is more awful than the stench of rotting flesh. Thus they worked covering their noses and mouths. And I heard that they could not help but simply push the bodies into the shelters with poles. After the war was over, numerous bones were discovered in Ninoshima. Every time I hear that, I imagine that there may be a bone which had been a part of me. As the bones were scattered all over, they must have come from those buried bodies. The situation may be described as a small-scale of Auschwitz. It was truly pathetic.

Strange as it may seem, humans seem to have the instinct of self-defense. At such times, we become callous, our emotions become paralyzed, and we fall into a state which may be described as apathy. It is not sympathy or empathy, but it is the lack of emotion per se, and then we have no feelings-no

There was complete silence as if we were in hell. Nobody spoke and it was quiet. Dead bodies were lying around. As we had no fire wood, the bodies were just left there until maggots began to breed, and the air was filled with the stench of death. I spent one week in such surroundings. According to the testimony given by the director of the hospital there, on the fourth day they used up all the drugs, anesthetics and other agents that had been in stock and they had to sever the hand, or operate without anesthetic after that. So, without anesthetics nobody responded to his advice for surgical treatment even the majority of people needed it. A high school student came asking the doctor to sever his arm. His arm was dangling from the shoulder, and the doctor had no choice but to sever his arm without anesthetics. The boy's cry still clearly remains in the doctor's mind. It was not possible to treat patients properly at all.

I had to remove about 20-odd glass splinters from my back. I still have some remaining there. Thus, I have no idea how I spent the time. I could hear people looking for their children by calling their names. But I think nobody could tell his or her child by looking at the face. Their faces were so swollen that they wouldn't have recognized their children. Name cards were placed on their chest so that parents could tell which children theirs were.

helped bring. Even a stranger helped me by lending his shoulder and accompanying me to Ujina.

Then, I was then taken to an island called Ninoshima. You may know that the Military Headquarters had been moved to Hiroshima at the time of the Sina-Japanese War (19894-95). Ninoshima was where soldiers who were heading China or South Asia during the World War II underwent quarantines. Not only humans but also horses went through quarantine there. Many quarantine stations were built at the tme. After the dropping of A-bomb, Ninoshima became the biggest camp station in Hiroshima for about 15,000 A-bomb victims. It is said that about half of those people died there. I was brought to the camp station and stayed there for about a week. However, I don't remember much. Maybe I wasn't myself because of the Panic due to the A-bomb, but l must have taken some meals and went to the bathroom. My legs weren't hurting, so I could walk. There were people who had suffered burns all over their bodies and crison. Their skin was peeled off and hanging. And their faces swollen so much that we contd not tell whether they were man or woman. Because it was summer, the heat and the smell of dead bodies were overwhelming. People around me kept dying. Even those the had no external injury were dying as well. That must have been caused by the radioactive rays. Their faces were swollen so much, it was impossible to tell whether they were men or women. People were not shrieking or crying.

many things and I fainted.

When I regained consciousness, I was standing outside, even though I had no idea of how I got out of the house. I did get out, but I couldn't recognize the surroundings. Everything was destroyed, and I was just wandering about when I heard my mother's voice calling "Shou-chan! Shou-chan!" (my name is Shouso). I ran to her. Both of us thought that we had been hit by a bomb. Every house around us had collapsed, and people had their flesh shoved off, their head and backs were covered with blood. Mother took of her loin cloth (women wore loin clothes in those days), and used it as a sling to hang my arm. Immediate escape was in our thought, but I heard our neighbor cry "help me, help!"

I still remember vividly how I panicked and wanted to run away. And I rememberd, I ran trying not to hear their voices. I ran over the collapsed houses, amid the fallen poles and wires to the yard of the nearby Red Cross Hospital. The problem of A-Bomb victims is this sense of guilt that we ran away from voices asking for help. We had forsaken those people asking for help, because we wanted to save ourselves. I truly heard such voices. Upon reaching the hospital, I lost consciousness because of massive hemorrhage and fell on the ground. I regained consciousness with blood and lying on the ground. I think I was exposed to tons of radioactive rays during that time. Then, the fire started in the neighborhood, and many injured people were and the alarm had gone off. We hardly slept that night. In the morning after 7 o'clock. the warning was finally all cleared. People removed their clothes that they had been wearing, and went outside with safe feeling. People started working, chores and exercising. As the all-clear had been announced at the time, everybody was out doing his or her job, or doing exercises. If we had known of the alarm, everybody would have gone into their own shelters. They would not have remained outside. It is said that about half of the victims could have escaped. This is a mystery. Why didn't the military realize that? At that time, I heard B29 and thought "they are here again". I went upstairs and watched Enola Gay. I watched it glittering across the fair sky from the north to the south, and disappearing into the southern sky. From the location , perhaps I was able to see the bomb attached to a parachute and falling down on the city when I looked to the north. It was only 1.3km away from the center of explosion. As the plane disappeared from my view, I went back to the room in order to go downstairs. At that very moment, l was caught in intense blue, white and whist of light as if lots of magnesium had exploded. l didn't know what was what. The bomb exploded at 550 metes above, and the explosion was instantaneous. The wind speed was 200 meter per second, and Hiroshima was covered by the blast, and almost all the houses collapsed as they were made of wood. My house also collapsed. I fell to the middle of the staircase, and lost consciousness. My head and body were hit by which stated that rapid and complete destruction would be brought to Japan did not accept it. It meant that the United States was prepared to drop the atom bomb(A-bomb) if Japan did not agree the Potsdam Declaration by August 3. This was three days prior to the actual dropping of the A-bomb.

As you may know well, the govemment was in great chaos to face the Potsdam Declaration. Pacifist ministers were inclined toward acceptance, but General Anan, the Minister of Army, opposed on behalf of the entire army. Because of the fact that the Emperor had the power of supreme command, rejection by the Minister of Army led to non-acceptance. Prime Minister Kantaro Suzuki told the parliament that the entire nation would choose honorable death to surrender by fighting till the last on the home ground. The Minister of Army agreed with him. Thus, the situation was similar to that of the battle of Okinawa, where the US Forces met on Japanese soil and the entire nation fought to the death. I must tell you that, common people like us had no idea and information of scheme at all.

Reconnaissance planes often flew over Hiroshima. We saw B29 planes without any fear, since we thought they would not drop bombs. That was when almost all the other big cities had been bomed. We felt somewhat uneasy about why the enemy planes did not drop bombs on Hiroshima, where is a military base. The day was August 6th and the time 8:15 in the morning. At the previous night, Saga, the west of Hiroshima, was air-raided a company called Chugoku Paint, where we were engaged in manufacturing paints. I was 18 years old and in the first grade of high school when August 6th came around.

Perhaps I had better give you a little explanation of the historical background so that it will be easier to understand the situation. In 1944, the preceding year, an entire Japanese military chose to death instead of surrender on Saipan Island. Soon, Tojo goverment collapsed and Prime Tojo resigned. The Battle of Okinawa was fought between April and June(1945), but we rarely heard aboute it on the radio, so I did not realize that battle was so fierce and tragic. In February, 1945 prior to the Battle of Okinawa, the Yalta Conference was held. At that time Russia was still at war with Germany and agreed to declare the war on Japan three months after the surrender of Germany at the conference. When Germany was surrendered on May 7th, it was expected that Russia would attack Japan after August 8th. It was in the middle of the Battle of Okinawa when Germany was. The Great Tokyo Air Raids were being launched. On July 18th, the world's first nuclear test was successfully conducted in Nevada, USA. Harry Truman, Joseph Stalin and Winston Churchill were attended the Potsdam Conference and during the conference the news of success was brought to President Truman. The Potsdam Declaration demanding Japan to unconditionally surrender was issued on July 26th. The Declaration was issued 10 days after the test and

I grew up in Hiroshima and was attending a middle school, now called Shudou Middle School, during the war. For the final three years of the school, I had been mobilized with other students to work at the Kure Naval Shipyard. The battleship Yamato was always moored next to the place I worked. I had never thought that the gigantic Yamato could be destroyed and sunk. The Yamato like a huge mountain and I still remember clearly how it looked. My job was to carry repair men by boat to such battleships and submarines that had been hit by bombs and towed to the port in Kure. I was an engineer of a diesel boat of about 30 tons, and operated the flag ship under the captain's command. Seeing so many battleships had been destroyed excessively, I couldn't wondering what happened. Seeing many destroyed battleships coming to Kure, I thought there had to be something very bad happening, although Japanese Army Headquarters always reported us how victorious they were. The reality was what I had imagined. Japan was steadily nearing to be defeated. I didn't know the actual situation and I had no choice but kept on working until the end of my years at the middle school.

Our middle school graduation celemony was held in a warehouse at the Kure Naval Yard. It is unthinkable today. After that, I entered the Applied Chemistry Depatment of Hiroshima Technical High School, which is now called Hiroshima University. I mobilized again to work in

Testimony of an Atomic Bomb Survivor

あとがき

この小著は、二〇一〇年五月にキリスト新聞社より発行した『心の内なる核兵器に抗して』の続編と言ってよいだろう。それは二〇一一年のフクシマの原発の大事故以前に書かれたということもあって、原発の問題にたいしては積極的に問題として取り上げていなかったことは、自分の怠慢であったと反省せざるをえない。ただ、ドイツのキルヘンタークでの講演では、テーマが『大地は主のもの』だったので、当然原発の問題を視野に入れて発言したつもりであった。

しかし、現実に東日本の大震災による原発事故によって、原爆問題と原発問題はコインの裏表の問題であることが明らかにされた。私はすでに『広島宗教者九条の会』を立ち上げて、ヒロシマで全国大会も開催していたが、新しく『さよなら原発ヒロシマの会』の運営委員として、今日かかわっている。そのような背景で、本書では原子力問題を中心に、その人道性を問うとともに、原発や核兵器を中心にした現代の核文明の中に生きる一個人として、一体何ができるのか、原子力文明が犯すかも知れないその結果について、私たち一人一人はどのような責任を担うことになるのか、という罪責の問題を問わなくてはならないと考えるようになった。私たちは人間の作り出した核文明の中で全く無力なのか。あるいはネジ釘一本か歯車のように、その流れに便乗し、組み込まれて行く以外に道はないのか、というジレンマを感ぜざるをえない。それは原爆投下に対して、また戦争の終結のために決めたものであるから如何なる罪責もない、と考えていいのか。あるいはアイヒマンのように、ユダヤ人を虐殺することはナチの高官たちの定めたもので、イエスを十字架にかけたピラト総督のように、水で手を洗うようなことが許されるのか、という問題とも相通じる事柄ではないかと思えてならない。

現代の核時代は一人一人にその責任の所在が問われているのではないだろうか。誰ひとりその問いから逃げることは出来ないだろう。特に「あなたの神を愛するように、あなたの隣人を愛せよ」と命じられたイエスを信じる者として、教会はどのように答えていけばよいのか、私たちは真剣に自分の良心と倫理と理性の限りを尽くして答えて行かなくてはならないだろう。この小著がその様な問題意識を持っている人たちの何かの参考になれば幸いです。

なお、本文では記さなかったが、戦後ドイツの教会について多くの示唆を与えてくれた神学生時代からの畏友、村上 伸兄に心から感謝したいと思います。

また、本書の編集において、私が入手出来なかった写真を探し出して掲載してくださり、ご支援くださった安田正人社長に感謝します。

二〇一四年三月 三〇日

宗藤尚三

宗藤尚三（むねとう・しょうそう）
1927年、広島に生まれる。広島大学中退、東京神学大学大学院卒。サンフランシスコ神学大学大学院卒。日本基督教団金城教会牧師・同明星幼稚園園長、阿佐谷東教会牧師・同阿佐ヶ谷幼稚園園長、広島府中教会牧師・同こばと幼稚園園長。1999年引退。
現在、日本基督教団牧師・広島宗教者九条の和代表世話人、日本宗教者平和協議会常任理事、さよなら原発ヒロシマの会運営委員。
著書：『あなたはどこにいるのか』（新教出版社）、『子どもの心に平和の砦を』（汐文社）、『ヒロシマと平和の福音』（新教出版社）、『もはや戦いのことは学ばない』（デルタプリント）、『この世を愛される神』（デルタプリント）、『心の内なる核兵器に抗して―被爆牧師よりのメッセージ』（キリスト新聞社）
編著：『いのちの塔』（中国新聞社）、『真っ赤原子雲』―祖父母が孫に語る戦争と原爆の話―（汐文社）

ヨベル新書022

核時代における人間の責任
ヒロシマとアウシュビッツを心に刻むために

2014年5月1日　初版発行
2014年8月15日　再版発行

著　者　宗藤尚三
発行者　安田正人
発行所　――　株式会社ヨベル　YOBEL, Inc.
〒113-0033 東京都文京区本郷4-1-1　菊花ビル5F
TEL03-3818-4851　FAX03-3818-4858
e-mail : info@yobel. co. jp

DTP・印刷　――　株式会社ヨベル

定価は表紙に表示してあります。

落丁本・乱丁本は小社宛にお送りください。
送料小社負担にてお取り替えいたします。

配給元―日本キリスト教書販売株式会社（日キ販）
〒162 - 0814　東京都新宿区新小川町9 -1
振替00130-3-60976　Tel 03-3260-5670

ISBN978-4-907486-05-1 C0016

アルノ・グリューン著　村椿嘉信・松田眞理子訳

私は戦争のない世界を望む

46変型判・196頁・本体900円＋税
ISBN978-4-946565-83-0　C0036

富田正樹さんの紹介（アマゾン等で掲載）

（日本キリスト教団 徳島北教会 牧師、同志社香里中学校・高等学校 チャプレン）

民主的な民衆がなぜ戦争を推進する政治家を選んでしまうのかを解明する本！

「なぜ戦争が起こるのか」、「どうすれば戦争を避けることができるか」

戦争や暴力を容認する文化や人間の深層にあるものを心理学的に分析し、「なぜ戦争を企てる政治家が現れるのか」、また「なぜ自分は自由で民主的だと思っている一般市民が戦争を企てる野心家を指示してしまうのか」について説明し、戦争をやめるためにはどうすればいいかを考えている本です。……では、戦争を今後起こさないために私たちができることは何か。それは「共感」と「夢」という、人間的な感情を豊かに養い育てることです。

自分の弱さ、欠点、失敗等々から目をそらさず、弱くても良い、人間としてそこにいるだけで自分は価値があると自覚すること。また他者にも同じ価値があるという共感があれば、戦争を無くす事ができます。

そのためには、まず自分を受け入れると同時に、子どもたちに対しても、その子の弱さや失敗を軽蔑せず、粘り強く受け容れて、それに一緒に耐え、一緒に乗り越えるという教育法が必要になるでしょう。また､自分をありのままに受け止めることと同時に、他の子も同じようにそのままで愛されるべき存在なのだということを体験してもらうしかないでしょう。

述べられていることの根底には心理学の裏付けがありますが、心理学の専門用語を一切使わずにそのことを説明してくれています。とても良書ですので、是非お読みになることをおすすめします。

第一期　渡辺善太著作選　全13冊＋別巻1（予定）
新書判・予256頁〜予320頁・本体1,800円＋税

❶　偽善者を出す処 ── 偽善者は教会の必然的現象 ──
　　ヨベル新書009・304頁　ISBN978-4-946565-75-5 C0016
❷　現実教会の福音的認識
　　ヨベル新書018・316頁　ISBN978-4-946565-76-2 C0016
❸　聖書論 ── 聖書正典論　1/ Ⅰ
　　ヨベル新書011・288頁　ISBN978-4-946565-77-9 C0016
❹　聖書論 ── 聖書正典論　2/ Ⅰ
　　ヨベル新書016・256頁　ISBN978-4-946565-78-6 C0016
⑤　聖書論 ── 聖書解釈論　1/ Ⅱ
　予240頁〈**次回配本予定**〉

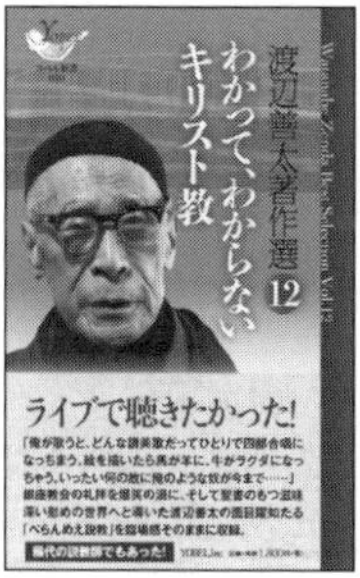

⑥　聖書論 ── 聖書解釈論　2/ Ⅱ
　予240頁
⑦　聖書論 ── 聖書解釈論　3/ Ⅱ
　予240頁
⑧　聖書論 ── 聖書神学論　1/ Ⅲ
　予230頁
⑨　聖書論 ── 聖書神学論　2/ Ⅲ
　予230頁
⑩　聖書論 ── 聖書学体系論　一試論、ほか
　予240頁
⓫　聖書的説教とは？
　ヨベル新書024・312頁　ISBN978-4-946565-80--9 C0016
⓬　わかって、わからないキリスト教
　　ヨベル新書020・308頁　ISBN978-4-946565-79-3 C0016
⑬　聖書的人間像（予定）〈**次々回配本予定**〉
　予250頁＊「銀座の一角から」を改題
別巻　岡村民子　対話の場としての正典、他（予定）
　予200頁